お金に愛されて幸せな女性になる7つのリッチルール

これで、みるみる幸運体質に変わる！

Yuki Usui
臼井由妃

Gakken

「あなたを愛しているの」
恥ずかしがらずに言ってみよう。
すると「相思相愛だね」って
お金の喜ぶ声が聞こえてくるよ。
その時、夢は現実に変わる。
お金との「蜜月関係」が始まるのです。

Aleshyn_Andrei/Shutterstock.com

あなたががんばっている姿、私は見ている。
わかっているよ。
だからいつも私はあなたの味方。
ずっとずっとあなたを
支えていくからね。
☆生涯のパートナーお金より☆

Africa Studio/Shutterstock.com

愛しているなら、
もっと大切にしよう。
愛しているなら、
もっと会おう。
お金へ愛を伝える術は
あなたに委ねられています。

Yuliya Yafimik/Shutterstock.com

お金に愛される！　〝スペシャルな♪〟まえがき

おめでとうございます！
あなたはすでに、「お金に愛される資格」を持っています。

そういうと、「ウソっ!?　信じられない！」。
そんな驚きの声を上げるかもしれませんね。けれど、本当なんです。
お金に愛されて、幸せな仕事、幸せな家庭、幸せな生き方をして輝き続ける――。
そんなステキな女性に、必ずあなたもなれるのです！

私がなぜそう断言するかというと、**「本来、誰もがお金に愛されている」**ということを、忘れてしまっている人が、あまりにも多いからです。
「ステキなお家に住んで、愛する家族に囲まれて、何不自由なく暮らしたい」

「オシャレをして、いつも笑顔を浮かべている女性になりたい」

そんな願いは、誰にでもありますよね。

でも、日々の暮らしの中で、思いもよらなかったよくないできごとが起こると、「なんて運が悪いの……」と、すぐにため息をついたり、思うような収入が得られないと、「がんばっても、どうせ報われないから」と、諦めてしまう人。「高望みだよ」「あなたには無理だよ」なんて声を耳にすると、「そうかもしれない……」と、まわりに引きずられて自分の可能性にフタをしてしまう人たちを、私はこれまでたくさん見てきました。


人生にはさまざまなことが起こり、喜びを感じたり、悩んだりします。

よかったと思えることには「運が巡ってきた」とはしゃぎ、トラブルに遭遇すると「運が悪い」と嘆く——。

このように、私たちは運の善し悪しを判断しがちですが、本当は「できごと」と「運」とは関係がありません。


できごとが直接「幸運」「不運」といった結果をもたらすのではなく、実はその間には、

「受け止め方」が存在しているのです。

たとえば、雨が降ると、「最悪！　出かけたくない」と否定的に思う人と、「やった！　お気に入りのレインシューズで出かけられる♪」と、雨の日ならでは楽しみを見つける人がいます。同じ雨の日なのに、憂鬱な気分で過ごす人もいれば、嬉々として出かけていく人もいるわけです。「幸運」「不運」とは、雨が降ったという「できごと」ではなく、**「自分がどう受け止めるか」**に左右される。

運のよし悪しは、自分で選ぶことができるのです。

今あなたが、「お金に愛されていない」「金運がない」と感じているとしたら、そういう状況を自分が選んでいるのです。

「そんなつもりはなかったのに……ショック！　どうしたらいいの？」

そんなふうに思ってしまっても、大丈夫。心配しないでね。

こうした仕組みがわかれば、あとはあなた次第で好転していきます。

あなた自身が、「お金に愛される！」と決断すれば、お金は微笑んでやってきます。

ただし、この時に「もし、お金に愛されたらいいなぁ〜」というような曖昧な気持ちではいけません。

「もし」という言葉には、「そうはなれないだろう」「無理かもしれない」というような否定的なニュアンスがありますから、「お金に愛されない」という現実を引き寄せてしまいます。


ある日、私はこう決めました。

「私はお金に愛されている。世界でも稀にみるほど、お金に愛されている幸運な女です！」

自分で決めた以上、私には「お金に困ることは、絶対に起こらない」のです。

何か不都合があった時には、「もっと悪いことが起きるのを未然に防ぐため」とか、「すごくハッピーなことが待っているから、調子に乗らないように〝お金の神様〟が教えてくれたんだ！」

そんなふうに受け止めると決めました。

すると、いつも笑顔で感謝の気持ちを持ち続けられますし、困難も優雅に乗り越えられる。そして「お金」に愛されているという自信がパワーになり、仕事のチャンスや思いがけない出会いにも恵まれるようになりました。

あなたはすでに「お金に愛される資格」を持っています！
その資格を思う存分、活かしましょう。

この本には、私が実践してきた「みるみるお金に愛される、選りすぐりの法則」を著しました。

それらは、経営者、経営コンサルタント、著者として年収3000万円を超える女性500名以上と交流してきた私だからこそ知る、幸運が舞い込む「黄金法則」です。

この法則を理解し、自信を持って実践すれば「幸運の波」に乗り、人智を超えた「見えない力」までもが、味方をしてくれるようになります。

さぁ、あなたらしくお金に愛されながら、幸せな生き方への第一歩を一緒に踏み出しましょう！

Contents

Prologue
プロローグ

信じられないくらい簡単に、お金に愛されるようになる「7つの黄金法則」

Simple rich 1

『シンプル・リッチ』の法則

受け取るスペースを作れば、
お金や、いいものがどんどんやってくる！

Smart rich 2

『スマート・リッチ』の法則

お金に愛されている女性たちに学ぶ、
身だしなみとオシャレ

Slim rich 3
『スリム・リッチ』の法則
心身ともにスリムな人がお金に愛される

Slow rich 6

『スロー・リッチ』の法則
どんな時でも〝ゆったり〟が、ハッピーを呼び込む

Sharp rich 7

『シャープ・リッチ』の法則

コンプレックスも逆境も、歓迎できる人がお金から愛される

カバー・帯写真　Zero Creatives/Cultura/Getty Images
カバー・本文デザイン　長谷川有香（ムシカゴグラフィクス）
本文ＤＴＰ　ワークスティーツー
編集制作　中嶋睦夫（あとりえ創意工夫）

Prologue

プロローグ

信じられないくらい簡単に、お金に愛されるようになる「7つの黄金法則」

人は簡単に「幸福」になれる！

「私はお金に愛されている。稀にみるほど、お金に愛されている幸運な女です！」

そう決断したのは、20年ほど前。「世界一不幸な女性」に出会ったのが、きっかけです。

「世界一不幸な女性」――。それは、鏡に映った33歳の自分の姿でした。

人生には信じられないような不幸もあるし、ケタ違いにハッピーな幸運だってあるのは理解していたけれど、結婚早々、経営者だった主人は骨髄ガンで余命半年との宣告を受け、優良企業だと豪語していた会社は倒産寸前。社内は横流しや経理操作が横行するひどい状態で、経営を託された私は、自分の不運を嘆くばかりでした。

28歳年上の彼との結婚を両親に相談した時、「絶対に苦労する」「やめなさい」と諭され、「お前は親不孝だ」「大バカ者だ」と呆れられました。

そんな両親に、「何があっても実家には帰らない！」と宣言した上に、「心配しないで。彼は資産家なのだから」とまでいい放った私。

彼に魅力を感じていたのは事実ですが、豪邸、別荘、外車、宝飾品……、浅ましくも彼の資産を当てにして、〝贅沢三昧の生活〟ができる喜びに浸っていたのです。

当時の私には、自分で人生を切り拓いていくという考えはまるでありませんでした。ですから、思ったことは一つ。「私は、ツイてない女」

被害者意識がものすごく強く、起こることすべてを悲観的に受け止めていました。

「暗い。険しい。眼が死んでいる。顔色悪い……」。鏡に映った自分の姿をつらつら見ているうちに、なんだかバカバカしくなってきました。

「人って、こんなに簡単に不幸になれるのかしら?」

そんな自分に怒りを感じました。「私はツイてない女」というこじつけを、自分で勝手にしていたのです。

自分の人生に「不幸のこじつけ」を始めたら、際限がありません。いいことも不幸の前兆になるし、少しでもイヤなことがあれば、どん底まで自分で落ち込むでしょう。

〝絵に描いたような不幸〟になるのは、とても簡単なことなのです。

そのことに気づいたら、笑いがこみ上げてきて、

「幸せになるのも、同じくらい簡単じゃなければウソだよね」

「世界一幸運な女にだって、簡単になれる！」

この時を境に「私はお金に愛されている幸運な女！」と決めたのです。

受け止めるスペースを作ると、「幸運」が拾える

「世界一不幸な女」から「お金に愛されている幸運な女」への変身は、心の上では簡単にできました。

受け止め方次第で、心はいつだって自由でしょう。自分が好きな時に好きな場所で、「超リッチ」を描くことはできます。でもそれを現実にするには、「幸運のこじつけ」をしただけでは、不十分です。

「お金に愛されるには、どうしたらいいの？」

脳がちぎれるほど考えましたが、答えが出ないまま、お金の問題や仕事の難題が増えていきました。確かにお金で幸せは買えないけれど、先立つものがなければ、全力で「超リッチ」だと信じ込もうとしても、すぐに現実に引き戻されるのです。

「何かしなければいけない。行動を起こさなければ現実は変わらない。何？　何？」半ば「やぶれかぶれ」になっていたら、見えない力に促されるように、使わなくなった食器や、溜め込んでいた紙袋、冷蔵庫の奥で眠っていた賞味期限切れのハムやチーズ、似合うとか好みだとかも考えずに、お気に入りのブランドというだけで購入した洋服や靴……。そういうものを、とにかく私は捨てまくっていました。そして捨てながら、どんどん心が軽くなっていくのを感じたのです。

「何だろう？　この清々しさは……」。捨てているのに、失うという意識はまったくなく新しい出会いや幸運を拾っているような気持ちになっていきました。

翌日、主人の主治医から思いがけない話を聴くことができました。

「僕はね、医者になるためにリュック一つで東京に出てきたんだ」

リュック一つって、彼は何をいいたいのだろうか？　と思いましたが、貧困を極めていた生家の状況では、大学進学など考えられなかった。ましてや医者になるなど夢のまた夢。それでも夢を諦めたくはなかった彼は、リュック一つで東京へやってきてアルバイトをいくつもかけ持ちしながら大学に通い、人一倍勉強をして実家に仕送りもしながらお医者様になったといいます。

なぜそんな話を私にしたのか真意はわかりませんが、「お金がないということは、悲しいことでも、ツイていないのでもなく、きちんと受け止め、前向きに生きれば〝神様〟から生まれ変わる許可をもらえる。幸運を手中にできる」と、教えてくださった。「こじつけ」をして、幸せなふりをしているだけの私に違和感を覚え「心のケア」をしてくださったのだと、受け止めました。

私は「欲しがる」だけで、どれほど自分が恵まれているのか考えもしなかっただけでなく、今の暮らしに必要のないものまで抱え込み、それに執着している自分にも気づきました。


どんなにステキな指輪でも、10個も指には、はめられないでしょう。そんな姿、おかしいですよね。どんなにおいしいケーキだって、2つも食べれば満腹になるでしょう。それでも食べ続けていたら、肥満街道まっしぐら。

物事に執着すれば、身も心も余計なものに支配されて動けない。思考力や行動力が落ち、視野も狭まる。

執着という荷物を捨てないと、新しい「いいもの」は手にできない。

そう悟りました。こうして、ムダのない暮らしでお金を呼び込む「スペース」を作る、「シンプル」な生き方をすると決めたのです。

するとおもしろいことに、大きな商談が決まったり、応援してくださる方が現れたり、仕事や人間関係で停滞していた事柄がスムーズに運ぶようになりました。

余計なものを捨てたことで「受け取り上手」になって、うれしいプレゼントがやってきたのです。

「7つの黄金法則」で幸運となかよしになる

世の中にはさまざまな理由で「お金が欲しい」「お金持ちになりたい」と思う人が、たくさんいますが、現実には、お金持ちになれる人と、なれない人に分かれてしまいます。その違いは、どこから生まれるのでしょうか？

それは、**お金が喜んでやってくる場を準備しているかどうか**です。

お金持ちになる人は、お金を引き寄せる心構えを持ち、お金となかよしになれる場を整えながら暮らしています。これは、お金に愛され、仕事もプライベートも充実している女性に共通すること。

そこには、「みるみるお金に愛される7つの黄金法則」が存在します。

この事実を、私はこれまで交流してきた年収3000万円を超える女性500名の具体的事例から学びました。本書では、これら「7つの黄金法則」を詳細にお話しています。


第1章は、「ムダがない暮らしでお金を呼び込む『シンプル・リッチ』の法則」

お金が喜んでやってくる、いいものを迎え入れるスペースを作るコツをお話していきます。「金運」を大きく左右するお財布や通帳、銀行の選び方など、お金に愛されるヒントを詰め込みました。

第2章は、「上品であか抜けた人にお金は舞い降りる『スマート・リッチ』の法則」

おもしろいほどお金を引き寄せる身だしなみやオシャレなど、リッチライフを叶えるヒントをお話ししています。お金に愛されている女性たちの具体例から、いつも笑顔で余裕のあるステキな女性になる方法を、探してくださいね。

第3章は、「心身ともスリムな人はお金に愛される『スリム・リッチ』の法則」

お金に愛されている女性に「肥満」で悩む方を、見つけるのはむずかしいもの。そして、彼女たちは人や情報に振り回されない、ブレない生き方をしている方ばかりです。お金と心身のスリムとは深い関係がある。この章ではその理由を解き明かします。

第4章は、「仕事、恋愛、物事が万事うまくいく『スムーズ・リッチ』の法則」

日ごろ何気なく使う「言葉」によって、人間関係は大きく変わっていきます。お金に愛される女性は「ひと言」であっても、手を抜きません。人生が見違えるようによくなる「言葉の力」をご紹介しています。

第5章は、「笑顔はお金の大好物『スマイル・リッチ』の法則」

お金の神様はいつも幸せ者を募集しています。そして、選抜試験に合格するのは例外なく「輝く笑顔の持ち主」。お金に愛される女性の笑顔は天下一品です。運や縁を引き寄せる「笑顔」の魅力を知ってください。

第6章は、「お金に愛される女性はいつでも余裕がある『スロー・リッチ』の法則」

今のあなたがどんな経済状態であっても、豊かさに満ちているというムードを演出することは、お金に愛される必須条件です。願望を叶えるには「そうなった状態」を強くイメージして実践しましょう。キーワードは「ゆったり」です。


第7章は、「お金持ち体質になる『シャープ・リッチ』の法則」

お金は、あなたの中にある「豊かな心」と密接に関係しています。「豊かな気分で過ごす習慣」を身につければ、がんばらなくてもお金は入ってくるようになります。

不思議なくらいツイてくる！ 人智を超えた「お金のパワー」

お金に愛されるために何よりも大切なのは、あなたが**「幸せで豊かな人生を叶える」という強い意思を持つ**こと。

すると、本来持っている「お金に愛される資格」が芽吹き、「引き寄せのエネルギー」が発生して、みるみる豊かになっていきます。

人には誰にでもすばらしい能力が備わっています。それは思ったことを現実にするということ。**幸運な人は「望むことだけを考える」**のです。

あなたは、「思いがけない出会い」や「不思議な偶然」を、経験したことがありませんか？

「どうしているかな？」と気にかけていたら、街でばったりその人に出会ったり、「欲しいな」と思っていたものを、プレゼントしていただいたり……。

私は、幼少期に実の子どものようにかわいがってくださった隣人を長年探していました。

「もう会えないのかな？　でも会いたい。どうしても会いたい」

そう思っていたら、たまたま出かけた日帰り温泉施設で、偶然その方に会うことができたのです。その時、その場所で出会うなんてありえないはずですが、そういうことも起こるのです。

「見えない力」は、確かに存在します。あなたや私が経験してきた「偶然」と思える不思議なできごとが、その証しです。

お金を引き寄せる心構えを持ち、お金となかよしになれる場が整うようになると、そうした「うれしい偶然」に出会う確率が増します。不思議なくらいツイてきます！

みるみるお金に愛される「7つの黄金法則」を実践する人は、お金に応援される人です。

お金が授けてくれる「見えない力」――。

それは驚くような感動とともに、あなたのもとにやってきます。そんな「見えない力」に気づき、それを身につけて、お金に愛されて幸せな仕事、幸せな家庭、幸せな生き方を手にして、輝き続ける。そんなステキな女性になりましょう。そのためにこの本を書きました。

さぁ、幸せに向かう第一歩を踏み出しましょう♪

1

Simple rich

『シンプル・リッチ』の法則

受け取るスペースを作れば、
お金や、いいものが
どんどんやってくる！

ガラクタを手放すたびに「幸せ」がやってくる

仕事、人間関係、お金、勉強……。うまくいかないのは、能力の違いでも運が悪いからでもありません。**あなたのまわりにある不要な「ガラクタ」が原因**です。

それは、私の経験からもいえることです。

世界一不幸な女──。かつて鏡に映った自分の姿を見て、そう思いました。

会社経営者に見初められ、〝優雅に暮らす奥様〟になれると喜んでいたのに、結婚生活が始まって間もなく、会社の経営状態は火の車、多額の借金を抱え倒産寸前だということが判明しました。その上、頼りにしていた彼は「骨髄ガンで余命半年」という宣告を受け、私に経営者のバトンが回ってきたのです。

そんな状況なのに、私は彼の容態や会社の将来を案じるよりも、「約束が違う！

幸せにしてくれるっていったじゃないの！」と、正直いって自分のことばかり考えていました。

婚約以来、欲しいというものはなんでも買ってくれた彼に、調子に乗って、「ダイヤの指輪が欲しい」「シャネルのスーツがいいな」などと、その愛情を試したくてあれこれねだったりもしていました。高価なものを所有するのが、幸せの象徴だと私は考えていたのです。

だから、お金の心配をするようになった時に、「私は世界一不幸な女」なんて思ったのです。そんなふうに受け止めていたから、「うまくいかないのは他人のせい。私はぜんぜん悪くない」と開き直り、怒りでいつもイライラしていました。

ある日、普段は気にならないのに、テーブルに雑然と置いてある新聞や封も切らずそのままになっているダイレクトメール、埃まみれのドライフラワー。それらを見ているうちに、「こんなものがあるからいけないんだ……」という気持ちになって、明らかに不要だと思えるものや、似合わない服やしっくりこない靴、勧められるままに購入したけれど全然好きになれない香水や口紅など、目についたものをどんどん捨てていました。

すると不思議。ずっと抱いていた、「これを手放したら、二度と手に入らないかもしれない」という不安や「私は悪くない」という被害者意識も消えていったのです。

一つ捨てるごとに自信を取り戻し、執着が消え、本当に大事なものや大切な人、やるべきことが浮かび上がってきたのです。

なぜなら、すべてのものにはエネルギーがあり、私たちはそのエネルギーに影響を受けているからです。

今の自分に不要なものや意味のないものに囲まれていると、エネルギーを取られるばかりか、心の迷いが増えてきます。

たとえば、新しい家に引っ越した時に抱く、爽快感や期待感。これからどんなステキな人生が始まるのか、輝かしい未来が待っているのか、ワクワクするはずです。

そんなときめきを取り戻せば、幸せな人生に変えるのは、容易にできるのです。

何もない空間は、すばらしい出会いを引き寄せます!

ガラクタを手放すことによって、部屋や心にスペースが生まれれば、新しいものが入ってくるのです。

執着、見栄、虚栄心、不安、迷い……。それらは心の中のガラクタです。
心の中がガラクタだらけだったら、人生を切り開こうとする「前向きな気持ち」まで
なくなってしまいます。

「私は世界一不幸な女」――。あの日、私が自分をそう感じたのは、「不要なガラクタ」
に支配されていたからだったのです。

**今、あなたが好ましくない状態にいるのならば、不要なものを買ってしまったこと
や、意味をなくしても手放せないでいた物事を素直に受け止め、「これまでありがと
う」と感謝しながら「ガラクタ」を自然に返すつもりで捨てましょう。**

それは「新たな人生」を選び直すということです。

Golden Rule

心の中や身のまわりのガラクタを手放すことで、本当に大切な
ものや人に気づき、部屋や心にスペースを作ると、新しくいい
ものや、いいことが入ってくる

運気アップは、「2つの道具まわりをきれいにする」ことから始まる

運気を上げたい、お金に愛されたいと望むならば、自分にとって大切だと思うものやそのまわりから、古いエネルギーを追い払うように、きれいにしましょう。

とくに、**「鏡」と「お鍋」**。**それらがある場所をきれいにする**ことをおすすめします。

鏡は古来より「神様が宿る」といわれ、大切に扱われてきました。日本では勾玉、剣とともに「三種の神器」として尊んできた歴史があります。

鏡は自分自身の姿を持たず、見るものをそのまま映し出します。

かつて鏡に映る自分の姿を見て「世界一不幸な女」だと私が思ったのは、鏡の前では誰もウソがつけないから。鏡にはそんなすごい力があるからです。

「鏡の力を借りることができれば、自分自身のエネルギーが高まり、本来持っている

魅力や能力も引き出されていくのではないか」と、ある時私は、考えました。

実際、指紋一つ、曇り一つなくきれいに磨き上げられた鏡に自分の姿を映せば、「まんざらでもないよね」と思うものです。

でも、埃まみれで指紋だらけの鏡では、笑顔も曇り、憂鬱になります。振り返ってみると、不幸のこじつけをしていたころの私は、鏡には無頓着で、姿見や手鏡、バスルームの鏡……、どれにも気を配ったことなどありませんでした。指でなぞれば埃が付いてくるし、ひび割れた鏡でさえ捨てられないでいました。

埃は心のにごり、ひび割れは不安や迷い。

私自身の至らなさを、鏡は物語っていたのですね。

鏡をきれいにして笑顔を取り戻し、幸せなエネルギーを手に入れましょう。

最近使っていないけれど、まだ使えるから手放せないでいる、安かったからという理由で妥協して手に入れた、部屋の雰囲気に馴染まなかったり、使い心地の悪いもの。そんな鏡を使って「幸せな自分」をイメージできなければ、思い切って捨てましょう。

そして、**鏡がある場所も忘れずにきれいにしましょう。**

バスルームやトイレ、ドレッサーまわり、お化粧ポーチの中も確認してみましょう。お化粧パフが汚れたままで収まっていませんか？　ブラシに埃や抜け毛がついたままではありませんか？　そういう状況を放置しておくと、古いエネルギーが充満したまま。新しい出会いを導くことが厳しくなります。

次は「お鍋」です。「お鍋？」。あなたの驚く声が聞こえてきそうです。

運を呼び込むためにトイレや玄関をきれいにするというのは、一般に知られていますが、お鍋というのは初耳かもしれませんね。自然の恵みをいただく、料理という行為では「水」「塩」「火」「ハーブ」「オイル」など浄化に使用されているものを扱います。お鍋はそれらを活用、パワーを合体する器です。

きれいなお鍋で感謝の気持ちを持って浄化することで、料理がおいしくなり、心身にもよい影響があるのです。

ピカピカに磨きこんだお気に入りのお鍋ならば、料理を作りたいという気持ちが高まり、愛情がこもった一品ができます。そして、食べた人は幸せになり、その笑顔で自分も幸せを感じるでしょう。

愛情溢れる家庭、夫婦円満のお宅にあるお鍋は、例外なくきれいです。そして、忙しく働き、家事もきちんとこなす年収3000万円を超える女性たちのキッチンは、ムダなものがなく整理整頓されています。間違っても「ポンコツお鍋」はありません。長い間使わないまま棚の奥に眠っているお鍋、使いかけの食材やスーパーのビニール袋、賞味期限が切れた調味料、プレゼントされたけれど趣味が合わなくてそのままになっている食器などはありませんか？

お鍋をはじめ、キッチンから不要なものをなくし、きれいにすることで、幸せな魔法がかかります。

心身の美しさ、健やかさに通じる「鏡」や「お鍋」と、それらの道具まわりをきれいにして、よりよいエネルギーを取り入れましょう。あなたの運は確実に高まります。

Golden Rule

心身の美しさと健やかさを映し出す「鏡」と「お鍋」、その周辺をきれいにすることで幸せなエネルギーが満ちてくる

重いエネルギーを発する〝タンスの肥やし〟

「胸苦しい」「肩がこる」「落ち着かない」など、人は誰でも、似合わない服を着ていたり、着心地の悪い服を身に着けている時には憂鬱になり、顔つきが険しくなったり機嫌が悪くなったり、テンションが下がりがちになるものです。

ことに色の影響は大きく、「好みではないけれどデザインがいいから、たまには冒険するのもいいかも！」とか、「バーゲン・セールで安くなっていたから」という理由で衝動買いしたような服は、着ていても今一つ気持ちが乗らないはずです。

俗に金運を招くといわれる「オレンジ」や「黄色」でも、好みに合わなければ服はもちろんのこと、小物に取り入れるのもイヤですよね。

私自身、オレンジ色には苦い経験があります。

ある時、金運を上げようと、大枚をはたいて一流ブランドのオレンジ色のパンツスーツを購入しました。

お店で見つけた時には、すばらしく輝いて見えたのですが、はりきって着てみたところ、「顔色がくすんで見える」「ガンバッテル感がありありで、見ていて疲れる」などとさんざんな評価。自分でもなんだか下品に見えるようで落ち着かず、即〝タンスの肥やし〟となりました。

それでも我慢して身に着けていたら、どうなると思いますか？

シックな色が好みの女性の友人が、彼氏からプレゼントされたピンクのスカーフを「せっかくの好意だから」と巻いていたら、首まわりが痒くなってきたといいます。

また、知人の経営者は「自分で選んだネクタイでないものをしめると、商談がうまく運ばない」といいます。

これは単なる、偶然とはいえないでしょう。

落ち着かない服というのは心身のトラブルや、しなくてもいいミスをも引き起こす原因になることがあるのです。

そうやって〝タンスの肥やし〟になってしまった服や小物には、着た時の記憶や状況など、マイナスのエネルギーが溜まっています。

服や下着、靴下など繊維製品は汗や脂はもとより、エネルギーを吸収しやすい性質を持っていますから、不要の服を家に溜め込んでおけば、だんだんと重苦しい雰囲気が漂ってきます。

クローゼットやタンスの中はもちろんですが、しまいきれないといってその辺に服が置いてあるようでは、部屋中がどんよりしたエネルギーで満ちてしまいます。

着るたびに「あのころはよかったな」「楽しかったな」などと、過去に戻りたいと思わせる服、気に入っていたけれど、今では似合わなくなった小物、サイズが合わなくなってしまった服などは手放して、身に着けた時、無条件にテンションが上がったり、笑顔になるものだけを残しましょう。

それがあなたの運気を上げる「幸せを導く服」です。

また、古い、澱んだエネルギーを発する服も、洗濯をすれば浄化されますが、消えることはないといわれています。

ですから、**フリーマーケットやリサイクルショップで、服や小物を購入して愛用す**

るということもおすすめしません。着ていた人の記憶が残っているからです。

「お金持ちが所有していたものならば、いいのではないかしら？」

高級ブランドを扱うリサイクルショップに並ぶ品々を見ていると、そんな気持ちにもなると思いますが、お金持ちは、身に着けると幸せな気持ちになるものは処分しないものです。

ですから、そこにあるのはしっくりこない、落ち着かない、イライラする。いずれにしても「マイナスのエネルギー」を発するもの。それを譲り受けるのは、みすみす運気を下げることになりかねません。

クローゼットやタンスから、あなたを〝下げる服〟を処分して、空いたスペースにはあなたを〝上げる服〟を入れ「幸せなエネルギー」で満たしましょう。

Golden Rule

しっくりこない、落ち着かない、イライラする〝下げる服〟は処分して、身に着けた時、無条件にテンションが上がったり、笑顔になる〝上げる服〟だけを残す

ダイヤモンドは所有する人を選びます

先日、友人とおしゃべりをしていて、ダイヤモンドや金相場の高騰で、業者に買い取りを申し入れる人が増えている、という話になりました。

「家にもあるわ。若い時買ったダイヤモンドの指輪」

「そうそう。昔の彼にもらった金のネックレスが確かある」

「主人に内緒でダイヤのペンダントを買ったけど、つける機会もないから、この際処分しようかしら?」

あなたもお持ちではないですか?「宝石フリーク」でなくても、そんなアクセサリーケースの中に眠っている、貴金属や天然石を使ったアクセサリーを。

実は、**エネルギーがこもりやすいものの代表格が、これらのアクセサリー。中でも**

「宝石」や「貴石」には注意が必要です。

なぜなら、**身につけた時の自分の気持ちだけでなく、プレゼントしてくれた人の思いまで記憶しているから**です。**とくに「ダイヤモンド」は、強力なエネルギーを持っている**といわれています。

ですから、高価だからとか青春の思い出だからとか、昔の恋人にもらったものだから手放せない、などと思って所有していると、運気を下げることになりかねません。

「日本人形をいただいてから、よくないことがちょくちょく起きるようになった」とか、「指輪を譲り受けてから、どうも体調が思わしくない」といったことの原因を究明し、供養しましょうというようなテレビ番組がありますね。怖がらずに聞いて欲しいのですが、私自身こうした経験があるのです。

肝臓がんで亡くなった先妻の形見ということで、ダイヤモンドの指輪を結婚当初、主人から渡されました。遺言で「一刻も早く後妻を迎え、その方に渡して欲しい」と、笑顔で託されたそうです。

「愛する夫を残して旅立つのは心苦しい。あれこれ不自由をさせることになるから、早く後妻を迎えて楽になって欲しい」

そういう気持ちで託されたのだと思う一方で、「命は尽きても魂はこの世にあり、彼とともに生きたいのではないか。ダイヤモンドの指輪を笑顔で託したのは、精一杯の強がりかもしれない」とも考えたのですが、デザインがステキな上にサイズもぴったりで、あつらえたようにしっくりくるのです。

ですから、少々不安はありましたが、私は指輪を受け取り、はめました。

ところがその晩、体中に痒みを覚え、呼吸困難のような状態になり、指はみるみる腫れ上がっていきます。

「どうしたの？　私。金属アレルギーかしら？」

かつてそんな経験はありませんし、指輪はほんの5分ほどはめただけなのです。

ものには「残留思念」といって、そのものに対して強い感情や執念を持っていた人から渡ってきたような場合、それを受け取った人の「エネルギー波動」を乱すようなパワーがあります。

察するに「妻を早く迎えて欲しい」という先妻の気持ちには、偽りはなかったと思います。ただ、夫よりも自分を大切にする、彼の資産を少なからず当てにしていた私に、「ダイヤモンドの指輪」が警鐘を鳴らしたのではないでしょうか。

「〝いわくつきの品物〟と安易にかたづけられない。ダイヤモンドは所有する人を選ぶのだ。自分の中にドロドロした欲望や執着、素直とはかけ離れた感情が渦を巻いているとネガティブな状況を引き寄せるのだ」と学びました。

後日、その指輪はしかるべき形で処分しました。もちろん先妻へ「ごめんなさい、心配をさせて。彼のことを最優先に考えて、尽くしていきます。教えてくださってありがとうございます」と伝えました。

いわくつきの宝石やアクセサリーなどは、お寺や見識者に相談をして、浄化供養が必要なら適切にしていただきましょう。

Golden Rule

人から譲り受けたり、いわくつきの宝石やアクセサリー、とくにダイヤモンドには要注意。「これは……」と感じたら、しかるべき形で処分する

シンプル・リッチを支える「お財布選び」

シンプル・リッチの基本は、整理整頓。

整理とは捨てることであり、整頓とは元の場所に戻すことです。

モノであれば必要なものか、人であれば自分を成長させてくれる人なのか、行動であればやるべきことなのかを考え、優先順位が低いものから捨てていく。

そして**モノをかたづけるだけでなく、心もかたづける**ことを心がけてくださいね。

やさしい人や気遣いができる人ほど、他人からの影響が受けやすく、悩みや苦しみを背負ってしまうこともありますから、ネガティブな人や価値観が違う人があなたのまわりにいると、引きずられてしまいかねません。

とくに〝お金の価値観〟が異なる人とは、距離を置くほうがいいでしょう。それは相手がお金持ちとか、節約家、しまり屋さんという選択肢ではなく、**自分が持つお金**

の価値観とかみ合うことができなければ、ご縁を整理していくということです。

でも「お金の価値観」は、なかなかわからないですよね。そこでお財布です。


お財布は、お金への「リスペクト」の表れです。

日ごろ使用しているお財布を見れば、「どれほどお金を大切に扱っているか」「『稼ぐ・使う・貯める』のバランスはいいか」「身の丈にあった〝お金の価値観〟を持っているか」がわかります。

稼ぐことや貯めることに一生懸命で、支払うことを渋る人や、「お金が欲しい」が口グセの人がいますが、そうした人ほど「お金」には関心があっても、「お財布」には無頓着だったりします。お金へのリスペクトを忘れると、お財布選びを入念にするという発想が、生まれないのです。

お財布はお金のお家でありお金の玄関。そして、あなたのお金の価値観や経済状態を物語る「鏡」のような存在です。

お家が散らかっていたり、ボロボロだったりしたら、お金は気持ちよく出入りできませんよね。お金に気持ちよくやってきてもらって、安心して滞在していただいたり、さらにたくさんの〝お友だち〟を連れてきてもらえるように、お財布選びに手を抜いてはいけません。

それは、**「お金が喜んでやってくる、よいものを迎え入れるスペースを作る」**という、シンプル・リッチの基本です。

もしあなたが次のようなお財布を使っていたら、お金とのご縁のなさを捨てる決心をして、新しいお財布に変えましょう。

☆捨てるべきお財布☆

- **何年も買い換えていないお財布**
- **ほころびや汚れが目立つお財布**
- **安かったからという理由で、「セール」のワゴンから無造作に選んだお財布**
- **お金にご縁のない人や、お金の価値観が異なる人からプレゼントされたお財布**
- **ツイていない時期に購入したお財布**
- **本当は好きではないけれど、「金運アップになる」と勧められ、仕方なく使っているお財布**

・他人に見られると恥ずかしくなるような安物のお財布、など

もちろんお札を入れるスペースが狭く、お札をたたまないと入らないような「窮屈なお財布」では、お金との縁が深まるはずもありません。

では、購入するべきお財布はどんなものなのでしょう？

仕事もプライベートも充実していて、年収３０００万円を超える、お金に愛されている女性たちの例からご紹介しましょう。

☆お金に愛されるお財布☆

・お札を入れるスペースがゆったりしていて、小銭と分けて収納できる長財布

・昇進や昇格、資格試験に合格したなど、ツイている時期に購入するお財布

・現金で購入したお財布

・皮素材で手触りがよく、金具やファスナーも上質なお財布

・年齢や職種を考慮しながら、「なりたい自分」をイメージして選んだお財布、など

また、お財布を選ぶ際に忘れてならないのは、**裏地が上質で肌触りがいいこと**です。お金が直接触れる部分ですから、お金が快適に過ごせるように気を配ってくださいね。

また、お財布をプレゼントに選ぶ方もいらっしゃいますが、たとえ相手が自分よりも「金運がよい」と思われる方や、高級ブランドのお財布であっても、私は謹んで辞退します。

お店の方は手袋をしたり、柔らかな布に乗せたりして、直接触れることは少ないですし、「お仕事として」お財布に接していますから、その方のお金の価値観や懐具合、心情がお財布に影響を及ぼすことはありませんが、お財布は最初に触れた人の思いが強ければ、それがよくも悪くも反映されてしまうからです。

お財布は自分で吟味して選ぶのが、お金に愛される絶対条件です。

Golden Rule

お財布はお金のお家であり、玄関。お金が気持ちよくやってきて、安心して滞在していただき、さらにたくさんの〝お友だち〟を連れてきてもらえるよう、自分でよく吟味して選ぶ

通帳を〝かわいがって〟いますか？

「通帳をかわいがっていますか？」というと、多くの方が不思議そうな顔をします。
お財布選びは慎重にしている人でも、「通帳」までは気を配っていないというのが現実でしょう。

通帳は、もう一つのお金のお部屋です。

私は、「お財布が実家で、通帳は『別荘』」だと考えていますから、通帳選びや扱い方に無頓着ではいられません。

「稼ぐ・使う・貯める」というお金の三要素のバランスはいいし、「お金へのリスペクト」も充分なのに、**今一つお金に愛されないと感じている方は「通帳への接し方」を疑ってみてください**。

たとえば通帳に、家計簿やお小遣い帳の感覚でメモをしたりしていませんか？

2万円引き出したら「〇〇さん。披露宴ご祝儀」とか。また、より明確にしたいという気持ちからか、カタカナで印字されている出金や入金先に漢字で書き添えたり。これは、大切にするべき通帳を侮辱する〝顔を汚す行為〟ではないでしょうか？

このような扱い方をしていてお金に恵まれているという人を、私は知りません。

また、無意識にやってしまうのが、通帳カバーを使わず無造作に扱うことです。通帳が汚れ傷つき、磁気が狂ってしまう可能性があります。これは通帳が「下着姿」でいるのも同じだ、と私は思います。

お金に関わるものには、それを扱う人の思いが如実に反映されますから、「下着姿」で平気で連れ歩いたり、家に放置できるというのは、その人のお金の価値観に問題がある証しです。見直したほうがいいでしょう。

知人のTさんは、フルタイムで仕事をしながらしっかり家事もこなす、3人のお子さんを持つパワー溢れる女性です。決して浪費家でないですし、行き過ぎた倹約家でもありません。でも、「お財布を落とす」「お金のトラブルに巻き込まれる」など、お金まわりの問題が尽きないのです。

その彼女が無意識にしていたのが、通帳カバーを使わなかったり、使う時でもなるべくコンパクトにしたいという思いから、1つのカバーに複数の通帳を詰め込むということでした。

「（通帳が）窮屈そうね……」と、さりげなくお話したら、びっくりした様子で「通帳にも気配りするの？」と。イヤな予感がしたので、「まさか、通帳にメモ書きなんてしていないですよね？」と尋ねたところ、「誕生日プレゼント・予算オーバー」といった調子で、用途と状況までびっしり書き込まれていたのです。

通帳にメモをするクセは人相を悪くし、お金に嫌われます。

通帳の枠にメモしようとすれば、細かい文字で目を凝らして書くことになりますから、眉間にしわを寄せた険しい顔になります。この状況はまるで、通帳に文句をつけているようではありませんか？　そんな人にお金は、喜んでやってはこないでしょう。

また、通帳を作ったものの放りっぱなし、入金もしなければ記帳もしない。通帳に触れることもないまま何年も経つという人もいるのではないでしょうか。

10年以上出し入れがない口座を「休眠口座」といいますが、毎年その額は増えており、500億円とも800億円ともいわれています。その中にあなたのお金が入っているということはありませんか？

こうなる理由の一つに、**「新しく口座を開設して最初に入金するお金によって、その通帳のキャパは、決まってしまう」**という事実があります。

普通預金ならば1円から口座が開設できますから、「とりあえず」とか「おつきあいで」という感じで入金する。そうして作った通帳には意識が向かないですから、貯めようとか、入金しようなどとは思いません。

いくつも通帳があれば、お金を動かそうと思う気持ちも分散してしまいます。

お金は、ある程度まとめて管理するのがいいのです。

あなたがお金に愛されたいのならば、お財布と同じように通帳にも気を配り、愛情を注いでください。きっとお金の流れがよくなります。

Golden Rule

通帳はメモをしたり、ケースから出したままにしない。お財布と同じように通帳にも気を配り、愛情を注ぐ。口座は分散しないでなるべくまとめて管理する

金融機関選びで、「お金運」は180度好転する

多くの方は、自宅や勤め先に近い金融機関を当然のように選んだり、法人の場合は「今後のおつきあいも考慮して」と、金融機関の営業担当者の勧めに乗る場合も多いと思いますが、私はそういう選択はしません。**金融機関は、名前よりも相性で選んでいます**。

相性で選ぶというのは、**実際に出向き、目と耳など五感を総動員して、自分の感性に合うか確認して決める**という意味です。

私のお気に入りは、東京・銀座にある某金融機関です。

「銀座」にあるというのがいいでしょう？

銀座という地名は、江戸時代に設立された貨幣の鋳造所に由来しますし、銀座四丁目の交差点周辺は商業地として、日本一地価の高い場所としても知られます。お金に

は何かと縁があって、テンションも上がります。

そこは、建物自体は少々古いのですが、掃除が行き届いていて、いつ訪れても玄関前、その周辺にもゴミ一つ落ちていません。

パンフレットやお客様用の雑誌、伝票類が整理整頓されていて、窓口の女性はもちろんですが、案内の方や警備員さんまで表情がイキイキしているのです。もちろんお客様をよく見ていて、すぐに行動します。

何よりもうれしいのが、「臼井様、ご利用ありがとうございます。今日は暑くなりそうですね」というように、挨拶にひと言添えてくださることです。

大雨の中、来店した際には「足元の悪い中、お立ち寄りいただき、ありがとうございます」といったあとに、「どうぞ、お使いください」と、タオルを差し出してくださいました。咳をしていた時には、「臼井様、お風邪ですか？　お大事にしてくださいね」と、のど飴をいただいたこともあります。

ちょっとしたことかもしれませんが、こういう対応はお客様をきちんと見ていなければできないでしょう。こうした金融機関は、私にとって豊かな気持ちになる、金運パワーを感じる場所です。

自分の大切な財産を預けるのならば、心地よい気持ちになる金融機関とおつきあいしたいではありませんか。

今やどの金融機関を選んでも預貯金の利率に差がありませんし、サービスの内容もそれほどの開きがあるとはいえません。

ですから、**「相性」という観点で金融機関を選ぶほうが「心地よさ」という「恩恵」にあずかることができていい**のです。

そしてお気に入りの金融機関を選んだら、**通帳もいい気持ちになるものをセレクト**しましょう。金融機関によって違いはありますが、普通預金の場合はシンプルなデザインの大人向けと、キャラクターが施されている若い人向きの2種類があり、それぞれ色違いで数パターン用意されていると思います。

口座を開設する時には「どの通帳にしますか？」と尋ねられますが、ほとんどの方が、選択肢を活かしていないようです。

「いい大人なのに、キャラクターの通帳はないよね（本当はこれがいいんだけど……）」とか、「無難なほうがいいか」と、好みではないものを選んだりする。

あなたのお気に入りの銀行です。ずっとつきあう通帳ですよ。もっとしっかり向き合ったほうが、いいのではありませんか。

なんとなくつきあう銀行を選び、なんとなく通帳も選ぶ。

「なんとなく」ですませていると、お金とは「なんとなく」という〝あやふやな関係〟にしかなれません。なかよくなれないのです。

途中で銀行とのおつきあいをやめたり、変えることはできますが、「出会い」は大切でしょう。あなたが「相性がいいな、気が合うな」と思えば、金融機関だって「縁がある」と思うはずです。

そうして出会った金融機関ならば、お金運も上向きになり、お金への愛情も高まるというものです。

Golden Rule

金融機関も通帳も、「なんとなく」で選んだら、お金とも「なんとなく」な関係にしかなれない。実際に出向いてみて、五感を総動員して、「相性」「心地よさ」という観点で選ぶ

2

Smart rich

『スマート・リッチ』の法則

お金に愛されている
女性たちに学ぶ、
身だしなみとオシャレ

「スマート」の意味を知っていますか？

「スマート」というと、あなたはどんな印象を持ちますか？

「ダイエットをしてスマートになる」というように、身体つきや姿形がすらりとしてカッコいい！　多くの女性は、そんなイメージを持たれることでしょう。

でもそれは、「スマート」が意味する一部にしか過ぎません。

スマートには「スマートな対応をする」というように、**行動やしぐさがキビキビして洗練されている様子**や、「スマートなオシャレ」というように、**服装や着こなしの気が利いている**という意味もあります。

そしてこれまで私がお会いしてきた「お金に愛される女性」は、これらの要素をすべて満たしています。

暮らしの中に「スマート」を取り入れるようになると、数珠繋ぎのように幸運が舞い込むようになります。とくに身に着ける「あるもの」を、気の利いたスマートなものにすると運気がガラリとよくなるのです。あるものとは、**「下着」**です。

5年前、皮膚トラブルを起こしたことがきっかけで、私は下着をすべて買い変えました。素材はシルク、色はシルクの光沢が冴える「パステルイエロー」を選びました。シルクは肌に優しいですし、高級感があります。身に着けると〝あか抜けた〟女性になれるような気がしたのも、シルクを選んだ理由です。

当時、タンスには健康にいいとか、勝負運を上げるなどといわれてブームになった「赤い下着」や、女性らしく艶っぽくなりたいという気持ちから購入した「セクシー下着」、冷え予防のデカパンタイプ、ごく普通の綿製品まで、100枚近くはあったでしょう。でもお気に入りと呼べるものや、心地よいと感じた下着は、実は1枚もありませんでした。少しでもスタイルをよく見せたいからと、苦しさを我慢して補正下着を身に着けたり、衝動買いして値札が付いたままの下着もあったり……。

下着は入浴時をのぞけば、ほぼ1日肌に密着しているものなのに、私は相当無頓着でした。洋服を購入する際はとことん吟味して選び、クリーニングやアイロンがけもまめにしていましたし、保管も適切にしていた私なのに、下着にはそれほど神経を注いでこなかったのです。

「この際だから、見直そう！　自分の体を守ってくれる〝下着〟なのだから」

そう決めた時、幼少期に祖母から教えられたある習慣を思い出しました。

誕生日には下着を新調する。新年を迎える前には入浴をして、新しい下着に換える。あまり豊かではなかった我が家でしたが、これは必ず実行していました。当時は意味もわからず、祖母にいわれるまま行っていた私ですが、今ならば理解できます。

それは心身ともにリセットして、素直な気持ちで新たな歩みを始めようという「心構え」だったと。

そこで思い切って下着をすべて買い替えました。そして、誕生日にはお気に入りのものを新調し、新年を迎える際の習慣も復活させたところ、皮膚トラブルが解消したばかりか、大きな商談が続々と決まる、長年書きたいと願っていたテーマで本を執筆するチャンスをいただく、思いがけない収入を得るなど、お金と仕事の運気が、みるみるよくなっていきました。

「これって偶然？　私だけ？」と思い、何人かにこのことを話したところ、「私にも同じような経験がある」「友人もそんな話をしていた」という、**下着に気を配るようになったら運気がよくなった**という話を数多く耳にしたのです。

住まいや長くいる場所を丁寧に整えることは、誰しも心がけると思います。しかし、お家の中に「スマート」を、ということになると、家族の手前実行できないこともあるでしょう。その点、**「下着」ならば、誰でも手軽に幸運を引き寄せる行動ができます**。

スマートな視点で選んだ下着は、その後もうれしいできごとを運んでくれました。ポチャリ体型から文字通り〝スマート〟に変身しましたし、いい下着を身に着けている満足感からでしょうね。身のこなしが優雅に「スマート」にもなってきたようです。**下着は幸運の「磁石」。スマート・リッチの要**です。

Golden Rule

暮らしの中に気の利いた「スマート」を取り入れる。
基本は「下着選び」から

くたびれた靴の持ち主を探すのは、困難なはずです。

「靴を履きつぶすまで働く」というと、〝勤勉〟という印象があるかもしれませんが、それは思い込みです。むしろ信用を失くします。

靴はローテンションさせて、傷む前に新調しましょう。

また、靴下やストッキングにも気を配ってください。招かれたお宅で靴を脱いだら、靴下にほころびがあった、毛玉がついていた、ストッキングが伝線していたでは、だらしがないという印象は否めません。ふだん見えないところほど、気を配りましょう。

仕事運は足元からやってくる！

経験則ですが、確かです。

Golden Rule

同じ靴を履き続けずローテーションさせて、傷む前に新調する

名刺入れは、「お金に恵まれる黄色」より、「スマートなオレンジ」を

ビジネスパーソンにとって、ご縁を結ぶものは何でしょうか？

それは「名刺」です。

日本のビジネスシーンでは、初対面の場合、必ずといっていいほど「名刺交換」をしますね。名刺を差し出し、名前や会社、仕事の内容などを話すのがご縁の入り口。

そして「気に入られたい」「有能な人に見られたい」「これをご縁に仕事をいただけたら」などと、さまざまな思いが交錯するでしょう。

それは相手も同じです。初対面では互いに行動を見ていたり、会話の糸口を探っていたり、神経を尖らせている場合が多いといえます。

その時、ボロボロの名刺入れを目にしたら、あなたはどう思いますか？

相手が一流企業の経営者や、社会的に権威あるお仕事をされている方、著名人であ

っても、「この人、大丈夫なの？」「この会社、危ないのではないかしら？」と、不安になると思います。ご縁を結ぶどころか信用を失いかねません。

名刺入れは「お見合い写真の表紙」と同じです。

中に容姿端麗な写真があったとしても、みすぼらしい表紙では、不自然さや怪しさを漂わせてしまいます。表紙を開く前に、「どうせ、たいした人ではないだろう」なんて思われたら、損です。最初にマイナスの思い込みで接しられたら、その印象をプラスに転じるのはむずかしいでしょう。

初対面の際、私は相手の服装や靴以上に、「名刺入れ」にポイントを置いて見ています。そこには、気を抜きがちで、お金をかけられないという心理や行動が働くからです。名刺の肩書きと名刺入れとのアンバランスに、心の問題や仕事のストレス、生活の乱れや人間関係のトラブルなどの波乱を感じてしまうのです。

名刺やカバン、メモ帳、ノートなど仕事に関わるアイテムに気配りするのはビジネスパーソンの基本であり、自分の意思で管理できることですよね。**仕事道具をきちんと整えるかどうかで、仕事運はもちろん金運、人間関係が決まります。**

まずは、あなたらしさ溢れる「名刺入れ」を選びましょう。


俗に「黄色」は金運アップにいいといわれますが、仕事によっては厳しいですよね。

私は毎月500名ほどの方々に新たにお会いし、名刺交換をさせていただきますが、これまで「黄色の名刺入れ」を目にしたことがありません。

決して否定するわけではありませんが、もしそういうシチュエーションに私が遭遇したら、「金運アップ狙いね」と、一応理解はしつつも、「運に頼るより、仕事しましょう」と、意地悪な思いに駆られるかもしれません。


売り上げ上昇と会社の知名度アップに躍起になっていた30代、私はその他大勢から抜きん出ることで頭がいっぱいでした。

目立つ、際立つ、派手、豪華……、洋服や小物もそういう視点で選んでいました。

名刺入れはエネルギッシュになれる「赤」に始まり、ステータスの象徴のような超一流ブランド、お金とご縁ができるように「金色」や「銀色」も使いましたが、相手の度肝を抜くという効果はあっても、私自身どこか落ち着きませんでした。

いろいろ試した結果、今は「オレンジ色」の名刺入れを、1年ごとに買い替えて使用しています。ほどほどオシャレで、ほどほど目立つというのが、オレンジを選んだ理由です。

ビジネスの場では個性的な名刺入れよりも、温かな人間性を感じさせる**「オレンジ」**や落ち着きを示す**「グリーン」**。スマート路線で行くならば**「茶系」**を選ぶといいでしょう。**材質は皮製**。お財布と同様、名刺が喜んで出かけられるように名刺入れの裏地（内側）は、肌触りがいいこともポイントです。

私のオレンジの名刺入れも「5代目」になりますが、お金の不安や悩みとは縁が切れました。

Golden Rule

名刺入れは「お見合い写真の表紙」と同じ。気を抜かず、狙い過ぎず、あなたらしさで選ぶ。お財布と同じように、名刺が喜んで出かけられるものを

香港マダムが「円形」の腕時計を好む理由

「時は金なり」＝「時間は貴重で有効なものだから、浪費してはならない」という格言は、誰もが知っているものですね。

では、それほど貴重な時間とお金を比較したら、あなたはどちらが大切ですか？　間髪を入れずに「お金」と答える人もいるでしょうし、日々忙しさに翻弄されている人なら「時間」というでしょう。

ケタ違いに稼いでいる〝億万長者〟であっても、「お金は邪魔にならないから、いくらでも欲しい。断然お金が大切」という人と、「もうお金はいい。のんびりしたいから時間だよ」という人。そんなふうに選択は二分されると思います。

時間とお金の価値観は人それぞれ。どちらも人生にとって大切なものであることには違いありませんが、私の場合は「時間」のほうが、はるかに大切です。

なぜなら――「お金は、なくなっても稼げばまた手にすることはできますが、失った時間はどんなに大金をつぎ込んでも、買い戻すことはできないから」。

私にとって、時は「金なり」ではなく、時は「命なり」。命と同じくらい、価値あるものなのです。


私がそう考えるようになったのは、香港在住のあるマダムに出会ったのが、きっかけです。

彼女は実業家として手腕を発揮、数十億を下らない資産を一代で築き上げた方です。出会ったのは私が35歳の時。寝る間も惜しんで必死に働きお金を稼ぎ、先代社長の時代に生じた多額の借金を早期に返済することが史上命題だったころです。心にも時間にも、もちろんお金の余裕もありませんでした。

そんな状況を、商談で訪れた香港で出会った彼女に見透かされました。そして教えていただいたのです。


「お金が欲しいと考えるなら、まずは命を扱うように時間を大切にしなさい。そうす

れば、お金は自然とついてきます」

そういわれた上で、仕事を抱え込まずに他人に任せることもする、時間のムダ遣いを徹底的に見直す、お給料をひと月の総労働時間で割り、1時間あたりのギャラ＝「時間価値」を算出して、常にその金額を意識しながら仕事をする、といった「時間とお金に関するレクチャー」を受けました。

と、同時に風水の考え方に沿った「時計の選び方や扱い方」も教わったのですが、最初は「風水なんてインチキくさい」と、疑惑の眼差しを向けていました。でも、「心が拒否することはしないでね」という、押しつけがましさのない彼女の態度に触れ、私は耳を傾けたのです。

彼女は、時計のコレクションを見せながら、「臼井さん、何か気づくことはないかしら？」と尋ねました。

「すごい！　ゴージャス、全部で1億はくだらないかも」

ピアジェ、ロレックス、パテックフリップ、ウブロ、カルティエ……。ため息が出そうな高級ブランドばかりですし、ダイヤモンドやルビー、エメラルドが埋め込まれていたり、金無垢の腕時計もたくさんありましたから、絶句。

「……（微笑）。文字盤をご覧なさい」

彼女いわく、**腕時計の文字盤は円形のほうが、仕事運が高まる。円形は「円満」に通じるから人間関係もよくなり、「運や縁を引き寄せる」**とのこと。

確かに彼女が所有する時計は、すべて円形なのです。

そして**文字盤の色は揃って白**でした。これは時間を把握しやすいという実用面もありますが、事業の発展に通じるという意味で選んだとおっしゃっていました。

「宝飾時計も好きだけど、ビジネスの場では上品にしましょうね」

すると私の腕時計に目をやり、「臼井さんのお給料ってどれくらいかしら？」

口ごもっていると、**「最低でも、お給料の1か月分は腕時計に投資しなさい。そして、稼ぎに応じて時計も成長させなさいね」**。

月給30万の人ならば最低でも30万円の時計をつけ、月給50万円になったら50万円の腕時計にランクアップするということです。

思わず私は腕を隠しました。その日つけていたのは彼女の法則には合致しない、安価で、文字盤は黒の角張ったものでしたから……。

そして私はまず、給料ひと月分の価格の腕時計を購入することを目標にして、働き始めました。すると不思議。意識が変わっただけなのに、臨時収入があり、イメージどおりの腕時計と劇的に出会うことができ、購入したところ、仕事もプライベートもうまくいくようになったのです。

腕時計はファッションアイテムではなく、仕事道具です。

スマートに仕事をして最高の結果を出したいと望むならば、時計選びも慎重にしてくださいね。

Golden Rule

腕時計はファッションアイテムではなく、仕事道具。最低でも給料ひと月分は腕時計に投資すると意識が変わり、運が変わる

金運がアップする、携帯電話への気遣い

今や携帯電話やスマートフォンを持っていない人は、まずいないでしょう。

老若男女問わず、携帯電話は外出時の必須アイテム。忘れたら大あわてですよね。電話がかかってくる予定はなくても、メールが来るあてがなくても、気になって仕方がありません。

そんな大切な携帯電話ですが、これまでお手入れや扱い方をじっくり考えたことがある人は、少ないのではないでしょうか？

そして「携帯電話をかわいがっていますか？」と質問すると、「かわいがるって？」と、不思議そうな顔をする人がほとんどです。

少なくとも1日数回、多い人なら数十回も触れる道具は携帯電話の他にはないと思いますが、機能やメールのやり取りに関心はあっても、「そのもの自体に気遣いをする、

かわいがる」という発想を持つ人は、ほとんどいないのが現状でしょう。

携帯電話は、仕事運やお金運を左右します。

もし会社から貸与されている携帯電話をプライベートに使えば、ルールに反するということだけでなく、仕事運はガタ落ち。お金運にも見放されます。

個人で所有するものであっても、画面が指紋だらけで汚れ放題ならば、「手あかのついた仕事」「手あかのついた人間関係」……。目の前にある幸せを忘れ、感謝の気持ちが薄れた状態で日々を送っている可能性があります。

心のありようは、頻繁に使用するものに如実に表れるのです。

イライラしている時に、馴染んだ愛用の包丁で料理をしても、うまくできないでしょう。落ち込んでいる時に、愛用のペンで文章を書こうとしても、スムーズに書けませんよね。顔は取り繕えても、心はウソをつけないのです。

今、慌てて携帯電話の画面を拭いているあなた、大丈夫ですよ。

「こんなに愛用しているのだもの、大切にしなければいけないね」

これからかわいがってあげれば、あなたの思いは届きます。

その際、次のことも忘れないでくださいね。

●携帯電話の本来の目的をもう一度考えてみる

スケジュール管理やメモをするのは、本来の目的ではないはず。通話やメールの送受信が主たる役割ですから、電話帳やメールアドレスの整理整頓を最優先に。

迷惑メールやネガティブなやり取りをしたメールは、マイナスの気が充満していますから、速やかに削除しましょう。おつきあいを遠慮したい方の連絡先やイヤな思い出がよみがえるメール等も同じです。

●写真のデータは溜め込まない

あっという間に溜まってしまうのが、写真のデータでしょう。

私は、笑顔の写真、癒される風景や表情だけを残して、3日をめどに削除しています。

挫折感を抱かせる人や、おつきあいが中断してそのままになっている人との写真や、有名人との記念ショットだから、過去の活躍を証明するものだからという理由で、保存しているデータはないですか？

あなたにとって「価値がある」と思えるかどうかで、選別しましょう。

●ストラップなどの携帯アクセサリーはここに注意

私は、携帯電話には上品に輝く、ストラップを1つだけつけています。ギラギラではなく、あくまでも「キラキラ」です。輝くアクセサリーは金運アップにおススメですが、あくまでも控えめに。つけ過ぎはどう見えても「スマート」とはいいがたい。仕事ができる人のアイテムには見えません。

Golden Rule

1日何度も触れる携帯電話だからこそ、気遣いとやさしさを。画面はいつもきれいに、ムダなデータは溜め込まない、電話帳やメルアドの整理を最優先に

お金に愛される女性の脚は、なぜキレイなのか？

お金に愛され、幸せな毎日を送るためには、所有するものを吟味して選び、できるだけモノを少なくして、一つひとつに愛情を注ぎ、扱うことが大切です。

そこにあるだけで幸せな気持ちになれるものや、触れると笑みがこぼれるもの、毎日役に立っているものなどは、自然に愛情が湧くでしょう。そうして愛情を注ぎながら接するものは、必ずあなたの思いに応えてくれるはずです。

ぜひあなたにとって意味あるものを見極める目を、養いましょう。

かつては「所有することが富の象徴」と考えて、モノだけでなく不本意な人間関係も手放すことができず、そのことに疑問を持つこともないまま、不平不満やトラブル続き。そんなたくさんの失敗を重ねてきた私だからわかります。

「あってもいいものは、なくてもいい。ないと困るものが、あるべきもの」

前章の『シンプル・リッチの法則』でお話したように、モノを減らし、シンプルなライフスタイルを始めると、気分が爽快になることに気づくでしょう。すると、呼応するように行動やしぐさがキビキビして洗練されていく様子に、驚くはずです。

そんな変化を遂げるのは、あなたの身のまわりから「不要なもの」がなくなり、「必要なもの」だけを残すことで、心の中にあった迷いや悩み、執着や恨みなど「マイナスのエネルギー」が整理され、吐き出されていくからです。

これは、生きるために必要なエネルギーについてもいえることです。

食事や呼吸によって体に取り込んだエネルギーは、上から下へと流れ、最終的には足の裏から大地に吸収され、浄化していくといわれています。

しかし、不平不満やストレスを溜め込んでいるのに、捨てたり改善しようとしないで抱えていると、そうした**ネガティブなものは重いエネルギーとなって、身体の下のほうにいき、下半身がぶくぶく太ってしまったり、脚がむくんだりしてしまいます。**

これは、浄化のサイクルがきちんと行われないからです。

しかもコンクリートで舗装された道路は、エネルギーを伝えにくいですから、靴や靴下、ストッキング、脚、下半身に古いエネルギーが溜まりやすくなります。

あなたのまわりの、仕事も人間関係もプライベートもうまくいっている、幸せオーラを漂わせていて憧れを抱くような女性を見てみてください。

私が知る限りそういう人は、引き締まった脚の持ち主で、下半身にムダな脂肪がなく、行動的です。**お金に愛される女性の脚は、キレイなのです。**

この法則を知った私は、自分にとって意味のあるものと暮らすとともに、「自分の中にある不本意な考え方を捨てる」と決意してからひと月後。下半身から引き締まってきました。浄化のサイクルも整ったのでしょう。半年で10キロやせて、7号サイズになりました。この体型を、5年を経た今でも維持しています。

Golden Rule

身のまわりや心の中の「不要なもの」を捨て、「必要なもの」だけを残すことで、浄化のサイクルが整い、身体の「マイナスのエネルギー」が吐き出されて、キレイになる

オフィスの環境を整える
～人柄と行動をプラスにする～

「お金に愛されるには？」というと、お金の扱い方やお財布の選び方や使い方、キラキラしたものを身に着けるといったことを連想される人が多いでしょう。即、お金に繋がることをイメージしますね。

かつて私もそう考えていましたが、いろいろと実践する中で、「お金運」だけをアップするというのはむずかしい。**仕事や健康、対人関係、愛情など全体的なバランスを取りながら、お金とのご縁を深めていくことが必要**だと学びました。

それは、やせたいがために無理な食事制限をしてスリムになったものの、健康を害して仕事を辞めざるを得なくなったり、イライラから人間関係に支障をきたしたり、ストレスを抱え込んだりと、バランスの悪さからさまざまなトラブルが起きることに似ています。

何ごとも、すぐに効果を期待するのは人情ですが、お金に愛されたいという思いから、お金運に関することだけに絞って、実践したところで効果は出ないものです。

ではどうすればいいのでしょうか？　もしあなたがビジネスパーソンならば、オフィス。専業主婦ならば、キッチンまわりやリビングなど、**日ごろ自分が多くの時間を過ごす場所の環境を整える**ことから始めてみましょう。

ここではオフィスについてお話しますね。

オフィスはたくさんの人が働き、人の出入りも激しい公共の場です。

環境を整えるといっても、自分勝手に机やイス、棚などを移動したり、自分には不要だからと、会社から貸与されたものを捨てることはできません。資料一つにしても「重要」「機密」「社外秘」など、気を配らなければいけないものだらけですね。

その中で自分の意思で環境を整えることができるのは、「デスクまわり」を整理整頓することです。そこで私が10年来続けているのは、

●電話機は始業時、終業時に拭き掃除する

受話器に手あかや皮脂がついているのは、気持ちのいいものではありません。「電話の向こうにいる相手にも、声を通してそうした気が届いてしまうのではないか？」と思うのです。

拭き掃除は、爽快に仕事をしたいという思いから始めたのですが、声に自信や勢いが生まれるのでしょう。苦手なお客様や難関の商談など、次々にクリアしていったのです。社員にも勧めたところ、商品やサービスのクレームが著しく少なくなりました。

●パソコンは始業時、終業時に拭き掃除と挨拶をする

私の場合、パソコンを使わないのは、１年に数日程度です。そういう日でも、私が眠っている間でも、パソコンはメールの受信やデータ管理をしてくれている仕事の相棒です。ですから感謝をこめて、パソコン作業に臨む前にはキーボードや画面、マウスなどの拭き掃除をしています。そして電源を入れ、「おはようございます。今日もよろしくお願い致します」と画面に向かって挨拶をしてから、仕事をスタートさせます。

もちろん不要なデータやファイルは定期的に削除。デスクトップ画面を、スマートに整えることも欠かしません。

また、終業時も同様に画面に向かい、「お疲れ様でした、明日もよろしくお願い致します」と挨拶をして、電源を落とし、拭き掃除とパソコンまわりを整え、1日の仕事を終えていきます。

この習慣の効果は絶大です。データ処理や入力のミスが減り、パソコンそのものの操作もスムーズになりました。実行すると**「パソコンは人間以上に心がある」**と驚くでしょう。

あなたもぜひトライしてみてください。心が整い仕事がスムーズに運び、溌剌と輝くあなたになるのは間違いありません。日常のひと工夫で仕事運、お金運、対人関係までよくなり、万事スマートに、スムーズになっていきますよ。

Golden Rule

まずは日ごろ自分が多くの時間を過ごす場所の環境を整える。オフィスならデスクまわり、とくに電話機とパソコンは始業時と終業時に毎日拭き掃除をする

3

Slim rich

『スリム・リッチ』の法則

心身ともに
スリムな人が
お金に愛される

お金運の9割は、「見た目」で決まります

「人は見た目ではなく、中身が重要。だから外見なんか気にしないで、内面を磨けばいい」

そういいたい気持ちはありますが、現実は「人は見た目で9割決まる」と考えたほうがいいでしょう。

さらにいえば、**「お金に愛されたい」という人はまず外見を整え、次に内面を磨くやり方が賢明です。中でも第一印象をよくすることが、最重要課題。**お金とのご縁は第一印象で決まるといっても、いいでしょう。

「えっ〜!? そんなことで?」という声が聞こえてきそうですが、「そんなことこそ」大切なのです。

あなたも、第一印象のいい人には自然と心を開き、気持ちよく接することができる

のに、不快な印象を抱く人には心を閉じ、話をしたいとかまた会いたいとは、思わないでしょう。

「あの人がいるとホッとするの」

「君にはなんでも話せちゃうんだ」

「頼りになるね、あの子」

そんなふうに仕事でもプライベートでも、誰からも「ひっぱりだこ」の人気者は、第一印象が抜群にいいですよね。

それは容姿のよし悪しや、頭や人柄が際立っていいとかではなく、その人が放つオーラが鮮明で、「この人と仕事をしたら、楽しいだろうな」「彼女と関わることで、うまくいきそう」というように、明るい未来を予見させる、希望の光のようなものです。

俗にお金は寂しがりやさんだから、懐が寂しい人には集まってこないといいます。だから「お金持ちはますますお金に恵まれるが、貧乏な人はいつまでも貧乏なままだ」と、自嘲気味にいう人もいます。でも、**お金持ちになる人とそうでない人の違いは、「懐具合」で生じるのではなく、「日ごろから自分をきちんと見ているかどうか」に関**

わってくるのです。

自分をきちんと見ている人は、外見はもちろんのこと、内面のチェックを怠りません。鏡をよく見る習慣があって、

「この表情が一番私らしいわ」

「今日の笑顔は合格点」

「この角度は、感じよく見える」

そんなふうに、自分の顔や表情が、他人の目にどう映るかを知っています。

また、自分には何色が映えるのか、どんなヘアスタイルが似合うのかなど、ファッションやヘアメイク、立ち居振る舞いも客観的にチェックして、どのようにしたら自分が明るく美しく見えるかを研究しています。だから、第一印象で最高の自分を出せるのです。

「この人なら自分のことを大切にしてくれる。つきあったら楽しいだろうな」

お金は、そういう安心感や期待感を抱かせてくれる「明るいオーラをまとっている人」を選んでやってきます。

派手なお金遣いをしている人や、稼ぎ方が尋常でない人はお金の接し方が乱暴だったりしますし、過ぎた節約で心の豊かさを忘れてしまった人は、見るからに「貧乏オーラ」が滲み出ていて、お金だって嫌悪感を覚えます。

あなたも、そんな人とお友達にはなりたくないでしょう。

お金はあなたと同じように、〝人を見ている〟のです。

第一印象は、お金に愛されるかどうかの「運命の分かれ道」になります！

あなたが見た目抜群の「印象美人」になって人気者になれば、あなたやあなたのお家、仕事場、あなたのいる場所に運や出会い、ツキがやってきて、お金も自然と導かれるようになります。

Golden Rule

第一印象は、お金に愛されるかどうかの分かれ道。日ごろから自分をきちんと見ているかどうかで、外見も内面も、そしてオーラも変わってくる

情報も、血液の流れも溜めない女性が「価値《勝ち！》！」

お金に愛されている女性たちにお会いすると、必ずといっていいほど出てくるのが、「もうダメだ、という時に助けてくれた人がいた」「売り上げが低迷していた時、思いがけない人が支えてくれた」という話です。

ある女性企業家は「このままでは倒産してしまう」という場面で、ある営業ウーマンは「お客様に大きな損害を与えてしまう」というタイミングで、研究者として食品開発に携わってきた友人は「これが失敗したら研究費が打ち切られる」というギリギリのシチュエーションで救世主が現れ、成功へのヒントをくれたといいます。

私にも経験があります。

わが社のドル箱商品ともいえる「健康グッズ」に使われているパーツは、ごく限られたメーカーでしか作れない特殊なもので、原材料のほとんどは輸入に頼っていました。発売して10年以上、何ごともなく納品されていたのですが、海外の業者が倒産。そのため輸入がストップして、パーツの製造が滞る事態になりました。

輸入再開の見込みは立たない、注文は溜まる、納品ができないから売り上げはガタ落ち、支払いに苦慮する。このままの状態が続けば会社は潰れてしまう……。

そんな土壇場に現れたのです。救世主が！

その方とはビジネス雑誌の対談でお会いしたのですが、挨拶代わりの軽い気持ちで私の開発した商品をプレゼントしたところ、とても気に入ってくださり、それ以来、お客様を紹介してくださったり、海外のビジネス情報をいただいたり、私は彼のビジネスに役立ちそうな情報をお伝えするといったやり取りをさせていただくようになりました。ほかにも誕生日とバレンタインデーには、メッセージカードやちょっとした贈り物をお渡ししたり、重荷にならないように、「ちょっとうれしい情報」や「ちょっとハッピーになる話」などを伝えたりしてきました。

その彼が、私の非常事態を人づてに聞きつけて駆けつけてくれ、ご自身の豊富な人脈から、欠品になっているパーツが手配できるメーカーを探してくださったのです。「地獄で仏に会う！」とは、こういうことなのですね。おかげで会社は難を逃れ、立ち直ることができました。


私は見返りを期待して、彼とおつきあいしてきたわけではありません。

「彼が知ったら喜ぶかな？」「役に立つかどうかはわからないけれど、少しは参考になるかもしれない」

そんな思いで、情報を渡してきただけです。


困っている時に助けてくれる人は、誰だって欲しい。

だからといって、著名人や業界の大物が集まる場所に出かけて「名刺交換」に躍起になり、キーマン探しに奔走したところで、一度会っただけの人を「知り合い」とか「懇意にしている」なんていうようでは、「救世主」に出会うことはできないでしょう。

利害や打算抜きに、手持ちの情報を、必要だと思う人に惜しみなく流す。すると、自分にも必要な情報が入ってきて、必要な時に必要な人と巡り合うこともできるのです。

その際、気をつけたいのは「私の情報で彼は成功した」とか、「私が紹介しなかったら、今のあの人はない」なんて、偉そうに恩着せがましい態度はしないこと。

決して追いかけないことです。

「よかった、お役に立てて」

で、いいんです。

情報は溜め込まず循環させ、いつもきれいな流れの中にいましょう。

それは、血液の流れと似ています。流れが滞り「血液ドロドロ」になったら、健康や美容にマイナスに働くばかりか、身体、思考、行動、すべての切れが悪くなり仕事の成果も上がりませんし、魅力的な女性とはほど遠くなるばかりです。

情報も血液の流れも溜めない女性が「価値！《勝ち！》」。

値打ちがあるのです。

Golden Rule

誰かの役に立ちそうな情報は、必要な人に惜しみなく流す。そうすれば自分にも必要な時に、必要な人や情報が入ってくる

らに「さっさと対応しなさい」と急かされているようで、不快感を抱くのは私だけだとは思えません。

連絡したいことがあるのなら、「○日に△△を行います。場所はこうで時間は……」というように、留守電に残せばいいのです。そうすれば、あわてて折り返しの電話をすることも、イライラしながらメッセージを残すこともしないですみますよね。


私は相手が出なかったら、立て続けに何度も電話はしません。

留守電だったら、必ず用件を録音しています。

その際、「折り返しお電話ください」とはいいませんし、「○時までに連絡してください」なんて指示は絶対にしません。

それは相手への「執着心」にほかならないと思うから。

そういうことを積み重ねていたら、友人といえども心は離れていきます。

電話もメールも、足跡はほどほどにしましょう。

「私は、執着心が強いのかもしれない」

そんな心配があるあなたなら、一度電話をして応答がなかったら、すぐに切る。留守電に残す言葉は理路整然と10秒以内に留める等、「ルール」を決めておくといいでしょう。

人間関係は、ほどほどの距離感があればこそ、うまくいくものです。

その間を埋めようとすると、相手は逃げていきます。

かといって、人は一人では生きていけません。大きな顔をしてがんばっているつもりでも、結局のところ運も縁も運んできてくれるのは、他人です。

べったりした、くどい、相手との距離感を考えない行動は慎んで、人間関係もスリムでいきましょう。

Golden Rule

着信履歴や留守番電話、メールなど〝足跡〟はほどほどに。適度な距離感がスリムで良好な人間関係を作る

「開運スイッチ」を入れる変身術

美容室帰りや新調の洋服に袖を通す時、いつもよりちょっとだけ華やかな口紅でメイクをする時って、ワクワクしませんか？

そして、そんなほんの少しの変身がきっかけで気持ちが晴れて前向きになり、「ツイてくる！」ということはよくあります。

私は、「最近ツイていないなぁ」「何だかパッとしないな」「やる気がでない」というような時には、美容室で髪を切ってもらったり、ネイルサロンでケアをしてもらったり、エステの予約を入れたりして、**仕事のスケジュールがいっぱいだったとしても、その中でできる「変身」を試みます。**

たとえば、自由になる時間が10分しかなかった場合でも、髪をまとめて華やかなへアアクセサリーをつける。高級ストッキングに履き替える。ラフな服装をキリッとしたタイトなものに着替える。キャリアウーマン風のファッションから乙女チックなものへと変えるとか、そのくらいのことならできると思います。

たった10分だけど、ほんのちょっとしたことだけど、**この変身術の効果は絶大**です。たちまち元気になって「やる気」が出てくるのです。

「ツイてない」なんてぼやきは、どこかに飛んでいきます。

これは、「リセットする」とか「リフレッシュする」といった「癒し系の行動」よりも、はるかに積極的。「開運スイッチ」が入る感覚ですね。

お金や時間をかけるばかりが変身ではありません。できるだけわかりやすく変われたら「ＯＫ！」です。

あなた自身が、見た目で「変わったな」と認識できれば、「しかめっつら」は満面の笑顔になり、引きつった表情も柔和になります。これが「開運スイッチ」の源泉なのです。

「しかめっつら」をしていると、「ストレス・ホルモン」が分泌されるのに対して、笑顔になれば「ハッピー・ホルモン」が分泌されることは、脳科学でも証明されています。ツキに見放されたと感じるような最悪な状況でも、「変身」で笑顔になる状況を作れば、「幸せ！　最高！　ツイてる！」と、脳は勘違いして「ハッピー・ホルモン」をたくさん出してあなたを応援してくれるというわけです。

困難に出会うたびにキレイになる。へこたれるどころかパワフルになり、しなやかで美しくなっていく——。

お金に愛される女性がいつも輝いているのは、「開運スイッチ」の扱い方を、熟知しているからです。

Golden Rule

お金や時間をかけられなくても、ちょっとしたことでも、「よし、変わった！」と思える変身を試してみよう。笑顔になれば「開運スイッチ」が入る

「たい」を減らして「花」を持たせる

「キレイになりたい」
「実力を評価してもらいたい」
「誰もがうらやむ結婚がしたい」
「お金持ちになりたい」……

女性は誰もが「欲しがりや」さん。「○○たい」という欲望が、尽きることはありませんね。

56歳。分別世代の私だって、「たい」の数は、10は下りません。自分の能力や魅力のレベルを省みず、希望的観測で「たい」を考える私は、本当に欲深いのです。

「欲」は自分を鼓舞し、やる気をたぎらせ行動力を高める原動力になりますし、欲がない人間なんて魅力がありませんよね。人生を前向きに歩むには欲は必要だと思います。「自我を捨てて、他者に尽くす」。そういう考え方は理解できますが、「欲」を捨てるなんて芸当は、私にはできません。

本書でお話している「お金に愛されたい」というのは、「究極の欲」でしょう。本当のところ、これ以外の欲は私にとって独り言のようなもので、あまり意味がありません。**「お金に愛されたい」という究極の欲があるからこそ、独り言のような「たい」の数は減らしていかないといけない**と、考えてもいます。

そうしないとお金の神様は、「あなたは欲深くて下品だから、相手にしたくない」「あなたのもとには意地でも行きたくない」と気分を損ね、近寄ってこないのではないかしら？

これまでお会いしてきた「お金に愛されている」と純粋に思える女性たちの多くは、欲望ギラギラで「たい」の数が多いタイプではありません。

自分の欲望を叶えるために他人を蹴落とそうとか、叩き潰そうなんて微塵も考えない、「お先にどうぞ」「かまいませんよ」という、奥ゆかしい方ばかり。

それはいい人ぶっているという、演技ではありません。**「お金に愛されたい」というしっかりした欲があるから、つまらない欲に手を伸ばさない**のです。

「花を持たせてくれる」──。そんな印象を受けることも、たびたびあります。

人は誰でも、自分が「〇〇したい」と思っている時に、他人に途中で割り込まれたり、「私だって〇〇したい」と、欲をかぶせられると腹が立ちますね。でも、実際にそういう人は本当に多いのです。

だからこそ、「たい」を減らして、他人に「花」を持たせる。

そういう姿勢の女性が際立って輝き、お金の神様も探しやすいから、「よし、合格！」ってことでお金がやってきてくれるのではないかしら？

Golden Rule

「お金に愛されたい」なら、それ以外の自分の「たい」は減らして、「どうぞ」と人に「花」を持たせる

上品なリアクションをする人は、「お金」に愛される

「お金に愛されている女性」たちに共通するのが、リアクションが上品であることです。心地いいリアクションで、会話を盛り上げられる人揃いなのです。

たとえば、次の会話を現場を想像しながら、考えてみてください。

「夏休みに海外旅行に行こうかと計画を立てているんです」

「へぇ」

「……」

「例の企画書、今日中にできるね」

「はぁ」

「……」

「ふ～ん」「へぇ」「はぁ」で対応されたら、相手は黙り込んでしまうでしょう。「興味ない」と拒絶されている。あるいは仕事への意欲がないと解釈される。話をしたいという気持ちがなくなり、コミュニケーションは最悪になります。

相手が上司や同僚、部下に関係なくこんなリアクションをとるあなただったら、評価はガタ落ち。協力して仕事をしようという気持ちには、なれないでしょう。

プライベートでも、同じです。家族や友人の会話に「ふ～ん」「へぇ」「はぁ」「それが……？（どうした）」のように返していると、今はうまくいっていても、近い将来「口をききたくない」「顔を合わすのもイヤ」なんて、険悪な関係になる可能性もあります。

人は自分の話を聴いてもらいたいものです。話し下手を公言している人であっても、話したい心でいっぱいです。ですからリアクションは大切なのです。

イメージは、「お笑い芸人さんのツッコミ役」です。誤解しないでね。笑いを取れというのではありません。大げさなリアクションをしろというのとも違います。

たとえば相手の話には、

「いいですね！」

「そうなんですか。すごい！」

「ええ、ぜひとも！」

「えっ？　知らなかったです」

こうすると、身を乗り出しながら聞き耳を立てている様子がうかがえますよね。

話題や相手への関心度が、先の例とは比べものにならないでしょう。

「熱心に聞いています」というアピールに繋がるのです。

たったひと言、わずか一つのリアクションの違いで「ステキ」「また会いたくなる」「和む」「落ち着く」……、間違いなく愛される女性になれます。

あなたが愛される「人気者」になれば、出会う人が運や縁を運んできてくれます。

そうしたいい流れの中で、お金にももちろん！　愛されます。

Golden Rule

「お話、熱心に聞いていますよ」という、たったひと言、わずか一つのリアクションが、あなたを「また会いたい」と思われる人にする

神社ではお願いはしない ～心身をきれいにするお参り習慣～

若い時には「お金よりも愛、愛よ！」と、乙女チックな発言をしたこともあれば、失恋すれば「愛はあてにならない。やっぱりお金よ。お金はウソをつかないもの」と、そんなふうに冷めた発言もしてきました。

でもどちらも、ウソ。愛されたいし、お金も欲しかったのです。

56歳になった今は、カッコなんかつけないで、一途に「お金に愛されたい」と思っています。「愛がいらない」というのではありませんし、なんでもお金でかたづけられると解釈しているわけでもありません。

お金を「大切な人」ととらえ、愛情を込めて接することは、周囲の人や出会う人への愛情にも通じる、と私は考えているのです。

逆をいえば、仕事の悩みや人とのいさかいなどを抱え込み、考えるほどにネガティブの迷路にハマってしまうと、お金への愛情もいい加減になる。**心身の状況とお金運は、密接な関係がある**ということです。お金に愛されるには、「心身をきれいにする習慣」が欠かせません。

心が騒いで落ち着かない、体調が芳しくない、他人の幸運を妬む、素直に友人の性向を喜べない……。「危ない。私、汚れ始めている」「心が濁っている」「目が曇っている」。そんな不安が生じると、私は近所の神社に参拝に出かけます。

ただし「〇〇で困っているので助けてください」とか、「お金が欲しいので、よろしくお願いします」「売り上げが上がりますように」というような〝神頼み〟のために、出かけるのではありません。気持ちを正して、お賽銭をあげるのが目的です。

お賽銭は、日ごろお世話になっているお金への愛情の証し。寄付だと考えていますから、それで何かをお願いしようとは考えないのです。

参拝をする前、「手水」で口を清めていると、体の中から透き通っていくような感覚になり豊かさが満ちてきます。手を洗えば、爪の先から素直な私になっていくよう。

参拝を終え境内を散策していると、エネルギーがチャージでき「純粋無垢な私」に変わっているのがわかります。お金への愛、人への愛、踏み外し気味だった仕事や人づきあい、物事への価値観を正すことができるのです。

私がよく訪れるのは静岡県熱海市にある「来宮《きのみや》神社」。境内には樹齢2千年を超えるといわれるご神木の大楠《おおくす》があり、荘厳な空気が満ちていて、パワー・スポットとしても有名な場所です。この場所を訪れると、肥大した欲望や執着心、不本意な行動や嘘偽りなんて、木っ端みじんに吹き飛びます。

心身ともきれいになって、お金と正々堂々とおつきあいができる。「お金への愛は純粋です！」と誇れる私に戻れるのです。

この習慣は、あなたにもおススメしたい。やって欲しい。ただし、「お賽銭をあげてもお願いはしない」が、ルールです。

Golden Rule

神社への参拝は、神頼みのためではなく、お金と正々堂々とおつきあいするための「心身をきれいにする習慣」

「7つのリッチ・ルール」を実践して
お金に愛されて幸せになる女性が増えています！
次はあなたの番ですね。

★キッチンから不要なものをなくし、お鍋やグラスをきれいに磨くようにしたら、夫も家事を手伝ってくれるようになって、夫婦円満。
夫が経営する会社の売り上げも右肩上がりになりました☆
（40歳　専業主婦）

★「相性」という観点で金融機関を選ぶようにしたら、浪費グセがなくなり貯蓄がスムーズにできるようになりました。
新しい仕事へのお誘いやすてきな彼氏の登場と、うれしいできごとがいっぱいです。
「7つのリッチ・ルール」が、私の人生を変えてくれました☆
（28歳　営業事務）

★お賽銭を差し上げても「神頼み」はしないという「参拝スタイル」を実践していたら、長年悩まされていた人間関係のトラブルが解消。
夫は昇進、私は夢だった雑貨店がオープンと、不思議なくらい「いいこと」が続きます。「お金に愛されている！」としみじみ感じています☆（37歳　雑貨店経営）

★電話の足跡を残さない、履歴やデータも定期的に整理するように心がけていたら、かたづけベタな私が変身。
家の中もスッキリ！　家計に余裕ができ、衝動買いが減り、お金が貯まりました☆
（32歳　家電販売業）

★名刺入れは臼井先生を真似て「スマートなオレンジ」を選んでいます。他にも「パソコン」への挨拶や電話掃除は欠かしません。その効果はてきめん！
プロジェクトの責任者を任され、仕事のやりがいと収入アップで、すっかり「幸運体質」になりました☆
（39歳　インターネット通販業）

4

Smooth rich

『スムーズ・リッチ』の法則

お金に愛される女性が
知っている
「言葉の力」

不運も不幸も起こらない「グレー・ルール」

「ツイてない……。何で？　どうして？　私のどこが悪いの？　もうイヤになる〜」

文句タラタラ、不満グズグズ、やがて怒りが爆発！

かつての私の姿です。大人ですから、誰かに八つ当たりするわけではありません。一人の時間に、空中に向かって心の内をぶつける。不本意な現状を嘆くのです。

あなたにも似たような経験はありませんか？　振り返ると「なんてバカげた姿だろう」と思うでしょう。

でも、その時は目の前のことしか見えていない。ツイているか、ツイていないか、幸福か不幸か、いいか悪いか。

でも、これはいわゆる「白黒つけている」だけなのです。

冷静に考えれば、答えは「白か黒か」だけでなく「グレー」もあるし、答えが出ないこともあります。時間が解決してくれることも多いですね。答えを求めて行動を起こせば「黒」も「白」になりますし、自分次第で「白」も「黒」に変わります。

「ツイてない」と思う時は、たいがい誰かと比べてジャッジをしています。「過去の自分と今の自分を比較して、どれほど成長してきたのか？」「自分はどれほど恵まれているか」なんて考えない。他人と「幸福競争」をしたところでなんの意味もないのに、見栄や執着にがんじがらめになっているだけなのです。

「ツイていない」という感情が芽生えたら、私は**「世の中、白黒だけでかたづけたらおもしろくないでしょう？」「グレーもいいじゃない？　それは中途半端なんじゃない。ほどほどを知ることでしょう」**と、何度も、何度も、自分にそう問いかけます。

するとある瞬間、「苦難や逆境、つまずきや落ち込み、ツイていないという心の迷いも、のちのち私の人生を幸せへと導く〝学び〟になる」と腑に落ちるのです。

そんなすごい学びを得られたのだから、「ツイてる！」。私は、ツイてるんです！　すると、めちゃくちゃうれしくなって、ある行動を起こさずにはいられません。

何をすると思いますか？　手持ちの小銭をかき集めて、近所のコンビニやスーパーに走るのです。そこに備えてある募金箱目指して「GO!」。募金に行くのです。

ツイていないという感情が「ツイている!」という学びに至るまでには、見えない力が働いていています。私は「お金」を愛していますし、尊敬しています。大切な人に接するようにお金とつきあっています。だからこういう時、力になってくれたのは「お金」だと思うのです。だから感謝を伝える相手は「お金」。募金をすると、感謝が形となって世の中に還元されるでしょう。こんなにいい方法はないと思うのです。

目の前のできごとに「即」白黒つけるのは、無意味なことです。グレーも楽しんでみましょう。明確な答えが出なくてもいいじゃないですか? そうしてなんらかの気づきが得られたら、充分幸せでしょう。その「感謝」を、あなたが愛する「お金」に伝える。募金をするのは賢明な選択だと思います。

Golden Rule

「白か黒か」答えなんか出なくてもいい。グレーのままでもいい。
そして何かに気づいたら、募金でお金に感謝する

返事をしてくれない電柱にも挨拶すると、「幸運体質」になる

笑顔と挨拶は、こちらからまず先にするのが、コミュニケーションの基本中の基本であり、お金に愛される女性は必ずそうしています。

「こちらから微笑むなんて癪《しゃく》にさわる」「私のほうが年上なのだから、むこうから挨拶するのが当然でしょう」などと考えるのは、自分の格を下げます。

相手が年下であろうと、こちらがお金を払う「クライアント」だとしても、悪口や噂話で人を困らせるのが好きな相手だったとしても、**笑顔と挨拶はまず先にすることこそ、すべてをうまく運ぶ「幸運体質」になる最大のポイント**です。

社会人の多くは、「きちんと挨拶ができている」と思っているでしょう。

でも、そう思っている人のほとんどは、できていないのではありませんか？

「薄ら笑い」を浮かべながら「どうも」。消え入りそうな声で「おはよう……」。背中越しに「（こん）ちわ」なんて、挨拶ではないですよね。

お金に愛される人は、出会う人はもちろん、愛でる花、木、お日様、通勤路の電柱にさえ挨拶をします。

「えっ？　気持ち悪い……」なんて思うようでは、幸運体質にはなれません。

花や木々、電柱は返事をしてくれませんし、微笑み返しもありませんが、だからといって挨拶をしないという考え方を改めない限り、心からの笑顔や挨拶はできません。

挨拶は自分をアピールしたり、利益を得るためにするものではないのです。

本来の目的は、出会い頭に他者とぶつかった時、「私はあなたの敵ではありませんよ」ということを示すものでした。挨拶をしないと古代の狩猟民族は、敵対する相手と鉢合わせした場合、槍で突かれ命に関わるリスクがあったのです。

挨拶をしないことが生死を分けるなんて、すごい話ですね。

現代ではそうした危険はありませんが、最初の挨拶でしくじってしまうと、「敵」として認識され、あとでどんないいことをしても、挽回するのはむずかしいでしょう。ましてや「味方」になってくれることなど無理な話です。

笑顔と挨拶がきちんとできるかどうかで、その後の人生まで左右されてしまうのです。**挨拶は知らない人にこそ、積極的にしましょう。**どう思われるかは、問題ではありません。

試しにやってみるとわかりますが、怪訝《けげん》そうな顔をする人、顔を背ける人、おかしな人だと思うのでしょうか？　足早に立ち去る人もいます。返してくれる人は10人中1人かもしれませんし、誰もいないかもしれない。

でもそれでいいのです。**挨拶の価値は「知らない人にどれだけすてきにできるか」「返事をしてくれない相手に、どれだけ気持ちよくできるか」**なのですから。

花や木、お日様、電柱、そうした出会うものへの挨拶も「知らない人」「返事をくれない人」への挨拶です。知らない人にも挨拶を続けていると、最初は不思議そうな顔をしていても、そのうち「会釈」程度は返してくれるようになります。

物いわない花や木、お日様、電柱だって、自分に「微笑み」ながら「おはようございます」と語りかけてくれる。そんな変化を感じ取れるようになりますよ。

人間には感情があるし、言葉がある。物いわない相手だって心はあるのですから、何かしら返してくれるのです。

愛犬の散歩で、時々出会う80代後半と思われる、おばぁちゃまがいます。耳がご不自由で視力も落ちているのでしょう。最初挨拶をした時は「ポカーン」という感じ。二度目は不審者に思われたのでしょうね。おびえるようにされて、さすがに私もめげました。

ならばと、次からは遠くからでも「私はあなたの味方です！」と、わかるように手を振りながら、くしゃくしゃの笑顔と、弾んだ声で「おはようございます！　いいお日和ですね〜」と挨拶をしました。すると、「おはようございます！」と、私に負けないくらいの弾んだ声が返ってきたのです。この感動は忘れられません。

挨拶は感動貯金です。感動で「幸運体質」になり、いっそう笑顔になり、笑顔が運や縁を導いてくれる！

笑顔で挨拶ができるようになった人から、お金に愛されていくのです。

Golden Rule

笑顔と挨拶は、こちらからまず先に。知らない人にこそ積極的に。返事をしてくれない相手にも気持ちよく

お金は〝幸せチケット〟。スムーズに気持ちよく動かす人からお金に愛される

「これを払ったら、お給料日まで5千円で過ごさなければいけない、どうしよう？」「○○が欲しいのに、今月は我慢しないと。イヤだな～」

そんなふうに、不平や不満、不安を抱えながら、お金を使ってはいませんか？

お金を払うことは、お金が自分の前から消えることですから、「もったいないなぁ」という思考回路は、少なからずあなたにもあると思います。

こういう考え方をする人は、お金を粗末に扱うことはありません。むしろ節約を心がけ、お金の3要素「稼ぐ・使う・貯める」のうちでも、「貯める」ことの知識や経験値も豊富でしょう。それなのに「私って、お金に縁がない」「お金に愛されるなんて、しょせん夢物語だわ」と、あきらめているのならば、**ネガティブな気持ちでお金を払っているのが原因**です。

お金には1万円、1円というように数字が記載されていますが、それはスムーズに流通させるために便宜上表したものであって、本来の価値は一緒なのです。お金はどれも「純粋無垢なエネルギー」。そこに色をつけるのは、私たちの意識なのです。

ネガティブ、あるいはぞんざい、いい加減な気持ちを抱えながら払えば、お金にもそうした色がついてしまい、お金は喜んで動いてはくれません。

お金を払うことに抵抗感がある人は、**お金は「幸せチケット」**で、お金を払うことはお気に入りのお店や、自分の暮らしを支えてくださる人たちを応援する！**「幸せを世界中に、プレゼントすること」**だと考えたらいかがでしょうか。

そうすれば**「幸せチケット」を気持ちよく払う私は、たくさんの人や物事を豊かにできる人。**「私ってすごいね。幸せ、満足」というポジテイブな気持ちになり、お金はスムーズに動き、よい循環があなたにもたらされるでしょう。

私は複数レジがあるスーパーや、店員さんが何人かいらして席でお金を払う場合などは、笑顔でハツラツとしている、姿勢がいい、声が弾んでいる、テキパキと働いているといった、「応援したいかどうか」という視点でお金＝「幸せチケット」をお渡しする人を選んでいます。私のもとから旅立つ「幸せチケット」には、より気持ちよく動いて欲しいから、最初にお渡しする人もできる範囲で吟味しています。

お金を使うことは、失うことではありません。
あなたを出発点にして「幸せ」を循環させる。そうした視点を持ってお金を払えば、おのずとあなたはお金に愛されます！

Golden Rule

「お金を払うということは、応援したい人や、お気に入りのお店、会社、自分の暮らしを支えてくれる人たち、そして世界中に、「幸せをプレゼントすること」

#「自分を抱きしめる習慣」で、お金となかよく暮らす

お金は人間のすばらしい部分を引き出すだけでなく、汚れた部分も明らかにします。お金を巡るトラブルは、お金そのものや金額の大きさではなく、私たちの心の奥にある感情が誘い出すのです。

ローンを組み、一戸建ての新築物件を購入したご夫婦がいます。お子さんがいないこともあり夫婦の時間を楽しんでいる、仲睦まじいお2人でした。結婚以来ずっと共働きで、預貯金はそれなりにあり、収入も安定している。家計にゆとりがあるからマイホームの購入を決めたのですが、3年を経たころ、彼女が愚痴をこぼすようになったのです。

「早くローンの返済を終えようとしているのに、彼はくだらないものにお金を使って

しまう」「家計をやりくりして返済に充てているのに、ぜんぜん理解してもらえない」……。彼への不満、イラ立ちは募る一方で、愚痴はエスカレートしていきました。挙句の果てに「家なんて本当はいらなかった。購入したばかりに、こんなイヤな思いをするのだから」と、けんかが絶えなくなり、離婚の話まで飛び出す始末です。

こういう過程で、お金はどう思っているでしょうか？　自分にトラブルそのものの原因があるわけではないのに、愚痴をいわれるなんて、納得できないでしょう。お金が働いたからこそ家が買え、そこから広がる未来が描ける。感謝はされても愚痴られるいわれはないのですから。

人はお金が自分にとってスムーズに動く時は「お金は万能」と敬意を払い、愛情を注ぎますが、不安や疑いが生じると「お金のせいで」「お金が悪い」と、お金に責任を転嫁するものです。

すると、**ネガティブな気持ちが投影されたお金は怒って、あなたに反乱を起こします**。お金のトラブルが続くという人の多くは、このパターンなのです。

お金のことで誰かと揉めたり、言い争いになったら、トラブルの奥にある「自分の

マイナスの感情」と向き合いましょう。相手を攻めたり、事態をうらむ前に、自分を抱きしめるように**「つらいの？　泣いてもいいんだよ」と声をかける**のです。ひとしきり落ち着いたら、**「お金さん、ごめんなさい」**といいましょう。

そうすれば、お金のストレスに苛まれることなく、不幸の落とし穴にはまることもなく、お金となかよく暮らすことができます。

先の彼女にも「自分を抱きしめる習慣」をおすすめしました。

その後、「ローンのおかげですてきなお家に住めたのよね、幸せの先取りをさせていただいたのだから、感謝をこめて払います！」という、うれしい言葉をいただきました。あれから5年、ご夫婦仲睦まじく暮らしていらっしゃいます。

Golden Rule

お金の揉めごとに直面したら、相手や状況に不満をぶつける前に、トラブルの奥にある自分自身のマイナスの感情に向き合ってみる。間違ってもお金のせいにしない

「ラブ・リス・サン」で、お金の流れがスムーズになる

お金は人と同じです。人間関係のトラブルの多くが「〇〇して欲しい」ということから発生するように、お金のトラブルも、突き詰めると「欲しい」から始まります。

人にはさまざまな欲求があり、それらが叶わなければ「不満」を感じるのは当然ですよね。でも、世の中はバランスで成り立っています。

あなたの欲が満足されている時でも、欲求不満で爆発しそうな人がいますし、あなたが泣いている時には、幸せで笑いが止まらない人もいます。それは誰もが理解していますし、「私だけいいことがあるなんて、調子いいよね」と、きちんと把握しているのですが、こと「お金」が介在することには、悠長に構えていられないのが人情です。

できれば〝欲求の綱引き〟に勝利したい。世の中のバランスなんて、この際考えないでいきたいと思うのです。すると、「お金が欲しいから、〇〇しよう」「〇〇するか

ら稼がせてね」と、暗に見返りを求めるような行動をするようになります。

こうなると、出会う人は心を閉ざし、ご縁は繋がりません。当然、お金運からも見放されます。

「欲しい」という気持ちは、正しく使えばお金の面でも行動を奮い立たせる原動力になりますが、見返りを求める気持ちが先にあると、ちょっとやそっとの結果では満足しないですから、不平不満の「オンパレード」ということになります。

お金に愛されている人、幸せオーラを漂わせている人、誰からも「いい笑顔だね」と思われる人は、「欲しい」の扱い方が上手です。

見返りを求める気持ちを無理に封印するのではなく、まずは差し上げてから。

差し上げるのは、お手伝いや応援、ちょっとした心遣い、挨拶、笑顔……。**自分にできることで、心からやりたいと思えることを気持ちよくすればいい**のです！

俗に「ギブ＆テイク」といいますが、それでは〝不合格〟。

「ギブ、ギブ、ギブ……」なんて、ただ与えてばかりじゃ、お利口さんにもなれないでしょう。

だから、**相手への愛情や尊敬、こうして差し上げることができるチャンスをいただけたことへの感謝の念をギブに乗せる、「ラブ&リスペクト&サンキュー」**。

私は頭文字をとって「ラブ・リス・サン」と心の中でつぶやきながら、応援でも助言でも、できることを差し上げています。

「ラブ・リス・サン」って響きも可愛いでしょう?

「欲しい」よりも「差し上げる」を心がけると、不平不満、愚痴の類はなくなり、自分も相手も気持ちよくなり、ご縁が繋がり「お金運」もよくなるのです。

人間関係とお金運は繋がっています。

「ラブ・リス・サン」ですよ。

Golden Rule

「お金が欲しいから、○○しよう」「これをして欲しいから○○やる」は×。「ラブ&リス&サン」で、まずはこちらから差し上げる

お金を使う時は「行ってらっしゃい」。受け取る時には「お帰りなさい」

誰だってお金はないよりも、あるほうがいいですよね。私だって、た〜くさん欲しいです（笑）。

だからといって、「あ〜あ、また出ていってしまう」と、嫌悪感を抱きながら支払ったり、「もっと節約しないといけない」と、財布の紐を必要以上に引き締めていたりしたらどうなるでしょうか？

手元に残るお金が、少しは増えるかもしれませんが、社会にお金が回っていきませんね。すると、病気が蔓延します。病気とは「貧困」や「犯罪」「別離」「差別」「紛争」などです。

「私には関係ない。私の行動ぐらいで世の中変わらない」と思うかもしれませんが、お金を払うことを渋っていたら、やがて自分にも争いの火の粉が降りかかり、病に感染する日がくるかもしれません。
お金を払うということは、世の中を潤し、元気や活力を与え、幸せをプレゼントするというすばらしく尊い行為なのです。

33歳で経営者として歩み出したころの私には、そうした思いはまったくありませんでした。

「多くを稼ぎ、多くを貯める」。支払いはできる限り少なく、支払う時は極力遅く。お恥ずかしいのですが、仕入れ先の「あら捜し」をして、支払額を値引きさせたり、文句の出ない範囲で支払いを延ばすこともしました。だからといってお金が貯まったかといえば、逆です。

業を煮やした相手と衝突したり、「安いがいい」で取引を始めた仕入れ先から不良品をつかまされたり、取り込み詐欺まがいのアクシデントにも遭いました。

支払いを渋ったことで得たものは、何もありませんでした。

そこで、今、私が習慣にしているのが、「さぁ、世の中の多くの人に元気や活力や幸せをプレゼントしてきてね」という気持ちを込めて、**お金を使う時と受け取る時にお金に挨拶する**ことです。お金を支払う時は心の中で「行ってらっしゃい」と、笑顔で挨拶をして、気持ちよく旅立たせましょう。

知人に、「行ってらっしゃい。お友達を連れて早く帰ってきてね」と念じるという人がいますが、それは私には馴染みません。なぜなら、「お友達を連れて〜」というのは、見返りをすごく期待する行為でしょう。先述の「ラブ・リス・サン」を実践する私は、スムーズにいきたいのです。

多くを語らず、多くを期待せず、純粋に、「行ってらっしゃい」と、お金を送り出しましょう。そうすれば、お金はスムーズに世界中を駆け巡り、たくさんのお金の友だち「お金だち」を伴って帰ってくるはずです。

もちろん受け取る時は「お帰りなさい」と、笑顔で挨拶してくださいね。

Golden Rule

お金を払う時は純粋な気持ちで、笑顔で「行ってらっしゃい」と送り出す。受け取る時は「お帰りなさい」で迎える

お金に愛される女性は、〝親切の押し売り屋さん〟

「押し売り」というと、好ましくないイメージがあるかもしれませんが、**「親切」に関しては、押し売りするくらいでいい**のです。

それは何か見返りを期待するものではなく、「いい人に見られたい」という自己顕示欲を満足させるためのものでもありません。極端な話、「趣味の領域」といってもいいでしょう。

実際、お金に愛される女性やお金持ちに見初められたり、女性初の管理職に抜擢されるというような、輝いている女性は本当に親切な人が多いのです。

人に親切にすると「ありがとう」と喜ばれます。すると「うれしいな」「私も人を喜ばせることができる」と自信が生まれます。

自信はさらに親切を実践したいという意欲に繋がり、心が元気になって笑顔が溢れ……というように、プラスの循環が起こります。

「親切なんて青臭い」とか「今時、親切なんてカッコ悪い」と思う人もいるかもしれませんね。でも、それは本心でしょうか？　照れ臭さを隠すために、〝悪態〟をついているだけではありませんか？

誰だって、親切にされたらうれしいでしょう。自分だけ特別視されている。えこひいきしてもらっている。

さらには異性から受けた親切には、「私に好意を持っているのかもしれない。どうしよう？」なんて、胸が高鳴りもしますね。

親しい人から受けた親切には、「まぁ、こんなもんかな？」と、感動が少ないかもしれませんが、見ず知らずの人から受けた親切は忘れないのではありませんか？

5年前の8月、帰宅の途中でゲリラ豪雨に襲われた私は、酒屋さんの軒先に飛び込みました。叩きつける雨、稲光、道路はもはや大河。マンホールのフタが持ち上がるのではないかと思うほど激しい雨です。

最寄り駅までは歩いて10分ほどですが、傘がない私には無理ですし、タクシーもつかまりません。私は、雨の勢いが納まるのを待つことしかできませんでした。

その時、「お姉さん、濡れたままでは風邪をひくから、これタオル」と、酒屋さんのご主人が声をかけてくれたのです。

「あっ！　すみません」（こういう時はありがとうございます、ですよねと反省しながら）、恐縮していると、「やみそうもないね。お茶でも飲んでいきなさい」と、お茶とおせんべいで、もてなしてくれたのです。うれしかった。親切が胸に染みた。

「いるんだ。こんなすごい人が！」

私だったら、こんな親切はできるかしら？　店先で雨宿りしているのだから、「邪魔だなぁ」って思ってしまうかもしれない。そう考えると、自分の心の狭さを思い知らされました。それからです。「よし、押し売りだと思われてもいい！　親切をしよう」と心がけるようになったのは。たとえばこんな感じです。

電車では「お年寄りはいないかしら？　マタニティマークをつけた妊婦さんや赤ちゃんを連れたお母さんはいないかしら？」と、目を凝らしています。階段を前にしてベビーカーで立ち往生している人や、大きな荷物のご年配を見かけたら身体が条件反射で動きますし、乗り換え方がわからず困っているような人を見かければ、駅員さんよろしく、「どうされましたか？」と声をかけます。

そうした瞬間、「見つけた！　やったね♪」という感じなのです。これはもう、正真正銘、「親切の押し売り」でしょう（笑）。

そして、私に起きた変化は、「いつもいい気分。毎日がご機嫌♪」だということ。**相手に喜ばれ、自分も幸せでテンションも上がる。しかもどれだけやっても減ることはありません**。そんな「親切の押し売り」は私に自信とやる気をプレゼントしてくれました。

それだけではありません。お金の悩みがなくなりました。悩みが噴出する前にリセットされるからですね。あなたにもこのうれしい経験を味わって欲しいです。

Golden Rule

相手が喜べば自分もうれしい。たとえ小さくても、好循環の大きな一歩。「押し売り」してでも親切をしよう

5

Smile rich

『スマイル・リッチ』の法則

笑顔でいるだけで、
いい運や良縁を
引き寄せる！

「黄金スマイル」で、金運と美しさを同時に手に入れる

おめでとうございます！

あなたは生まれつき「お金運」に、恵まれています。

女性に生まれたということだけで、実は「お金に愛される要素」を2つも持っているのですから「すごい、すごい！」。

その理由を、タネ明かししましょう。

一つは、**女性は自然な笑顔ができること**。

もう一つは、**その笑顔をさらに輝かせる「お化粧」という武器を使える**ことです。

笑顔はお金の大好物ですから、これは強い味方ですね。

集合写真を撮る場面を、思い浮かべてください。

「皆さん、準備はいいですか？　肩の力を抜いて。はい、スマイル！」かけ声に反応して、こぼれるような笑顔ができるのは女性です。男性はというと、目だけで笑っていたり、口元がにやけていたり。

「男は歯を見せて笑うものじゃない」「ヘラヘラできるかよ」という気持ちが少なからずあるせいか、表情が硬く、笑顔がぎごちなかったりするのです。

もちろん男性でもすてきな笑顔の持ち主はいらっしゃいますが、「笑顔」は女性の専売特許という説に異論を唱える人は、少ないでしょう。

ここでとっておきの笑顔、**「黄金スマイル」を手に入れるコツ**を、ご紹介しますね。割り箸を1膳用意して、そっと口にくわえてみてください。すると口角が上がります。口角が上がると目尻は下がり、目と口の両方で笑っているようになります。そして割り箸をはずして、先ほどの表情をキープ。これが笑顔の基本ですから、覚えておいてくださいね。

自分では「笑い過ぎじゃないの？」と思うぐらいでないと、他人からは認識できません。明るい人が好きで、笑顔が大好物のお金の神様にも気づいてもらえませんよ。

次に「お化粧」ですが、ぼんやりした表情、眠そうな目、精気のない顔、あか抜けない顔立ち（ごめんなさい）だとしても、「お化粧」の力を借りれば、たちまち変身できます。インパクトに欠ける表情ならば、眉毛を整えて、描けばキリッとした顔になりますし、「今日は顔色が冴えない」と思ったら、ファンデーションを塗る前にピンク系のコントロールカラーで調整すれば、あか抜けた美女にもなれます。

「ナチュラルがいちばん」と、いつもノーメイク。すっぴんで通す人もいますが、日焼けやシミ、シワの原因になるだけでなく、「お金運」の面からもおススメできません。

お化粧をしたほうが服も映えますし、「キレイ」「すてき」「かわいい」……、そんな自分を見つけて自信が持てて、自然に笑顔がこぼれます。**お化粧は化けるためのものではなく、あなたの魅力を引き出す「応援者」**なのです。

ここでお金に愛されている女性が実践する「こだわりメイク」をご紹介します。

皆さん現実的な方で「開運メイク」とか「風水的」にどうこうというのは関係なく、ご自身の経験から生み出したメイクです。

●ファンデーション

パールや細かいラメが入っている、艶やかに仕上がるもので、色味は肌色よりも一段明るめを選ぶ。艶はあでやかさや華やかさ、女性らしさに通じますから、皆さん気を配っていらっしゃいますね。

ファンデーションの上から、「キラキラ系」のパウダーをつけている方も多いです。

●チーク・カラー

ピンク系を頬の高い位置にふんわり丸くつけます。優しさや温かさが演出できて、好感を持たれます。あご先にも少しつけると、さらに柔らかな印象になります。

●アイ・カラー

ピンクや淡いラベンダーを主に、ゴールドやシルバーをポイント使いするといいでしょう。私たちの間ではこれらを「幸せを呼ぶ黄金カラー」と呼んでいます。

●リップ・カラー

チーク・カラーと同系色が原則です。ピンクやローズ系で艶感のあるものがおススメ。マットタイプのリップには、グロスで艶を補いましょう。

そしてメイクを整えたら鏡に向かって「黄金スマイル」をしてみましょう。

こだわりの「ツヤキラメイク」と「黄金スマイル」で、お金はあなたのもとに引き寄せられます！

Golden Rule

笑顔はお金の大好物。黄金スマイルと、その笑顔をさらに輝かせるツヤキラメイクで、女性が生まれつき持っている「お金に愛される要素」＝笑顔に磨きをかけよう

「笑顔でお金に触れる習慣」は大事

「便利そうだから」「勧められたから」というような理由で、必要がないカードを持っていませんか？

もちろん多額な現金を持ち歩くことを避けるためにカードを持つ人もいますし、接待の場合、カードで支払ったほうがスマートということもあります。

その場合でも、引き落とし口座にしっかり現金があり、一括払いができること。**カードで支払いをする際に、その額を「現金」としてとらえられるのが条件**です。

引き落とし日にあわてて口座に入金するような状態では、カードを持つ資格はないでしょう。ましてや「プラチナカード」や「プレミアムカード」を持つのは、ステータスの象徴というような気持ちになるのは錯覚です。

本当のお金持ちは、馴染みのお店ではカードはおろか現金も持たず「顔パス」で買い物をします。百貨店で買い物をする場合には「外商」の担当者がつきっきりで世話を焼き、支払いは後日というケースも多いのです。

カードは信用調査をクリアした人が持つことを許されますが、**どんなカードであっても信用をカードで買うことはできません**。その点を理解した上で、カードは使いましょう。

そして、注意したいのが「カード偏重」になることです。

中でも、**「手持ちのお金がないからカードを使う」ということは、お金の価値観を狂わせる温床になる**のは、間違いありません。

また、「現金で払うとおつりで小銭が増えてお財布が膨れるし、お金を数えるのが面倒だからカードがいい」「カードを使うとポイントが貯まる。そのほうがお得でしょう」。あるいは「請求書を見れば明細がわかるから、支払いはほとんどカード。家計簿をつけなくてもいいから、合理的でしょう」という人もいますよね。

さて、この中にあなたが当てはまることはありますか？　だとしたら「お金運」を悪くしている可能性があります。

カードを使うことが増えれば、現金に触れる機会が減ります。お財布を開き、カードを出しても、お金の顔を見ることはありませんし、触れることはないでしょう。「幸せチケット」であるお金をお渡しする機会はなくなり、笑顔で「行ってらっしゃい」と声がけもできないし、「お帰りなさい」とねぎらいながら受け取ることもなくなる。そして、お財布の同じ位置にずっとお金が停滞して、風通しが悪くなる……。こうしてお金との触れ合いがなくなる一方では、お金運が悪くなって当然です。

もうお気づきでしょう。支払う際は「いつもニコニコ現金払い」がいい！

お金に触れる機会が増えるほど、お金との関係は濃密になります。嫌いな人や苦手な人でも、何度か顔を合わせているうちに気心が知れ、なかよくなるということがあるでしょう。**お金も人と同じなのです。お金とはできる限り顔を合わせ、声をかけ、ぬくもりを伝えましょうね。**

Golden Rule

お金とはできる限り顔を合わせ、声をかけ、笑顔でぬくもりを伝える。カードを使うことが増えれば、現金に触れる機会が減る。いつもニコニコ現金払いが一番！

「新札の香り」を脳にインプットしよう

「あの人、お金の匂いがするね」「するする、プンプンする〜」。

「お金の匂い」というと、いいイメージを抱く方は少ないでしょう。

お金の匂いがする人は、物事や他人を測る尺度が「お金な感じ」がして好きになれない、「成金趣味」が感じ取れて下品……。

お金に愛されたい私ですが、「お金の匂い」がする人にはなりたくないですし、「お金の匂いがする人とつきあえば、恩恵に与れるかしら？」なんて期待もしません。

でも、お金そのものの匂いは大好き！

両手でていねいに、優しく包み込むようにしながら、匂いを確認することでお金の重みを確認したり、癒されたりしています。

これは、**お金へのリスペクトを忘れないための習慣**です。

カードや各種のプリペイドカードが普及してくると、現金に対しての感覚が微妙にズレてきます。

「いつもニコニコ現金払い」がモットーの私でさえ、よほど気をつけていないと、お金の重みを感じなくなるのです。

1万円札を目にすれば人は反射的に1万円の価値を見出しますが、カードで1万円を使ったとしても、同じような価値観を抱く人は少ないでしょう。

私だって例外ではありません。ですからお金と向き合い、価値観を正すためにも「お金の匂い」を嗅ぐようになったのです。

やり方は、簡単です。

お財布や自宅にある金種を両手の平に乗せ、顔を近づけ、1万円、5千円、千円、500円、100円、10円……、というようにそれぞれ慈しむようにしながら匂いを感じるのです。

やってみるとわかりますが、それぞれ匂いが違います。

また同じ1万円であっても、仕事に追われイライラしている時は、不快でキツイ匂いを感じますし、仕事もプライベートも順調な時には、甘くて柔らか。「マネー・セラピー」とでも、いうのでしょうか？

お金の匂いには、人を元気にしたり癒したりする、秘められた力があるのです。

そしてとっておきの「お金の匂い」といえば、新札です。

新札の匂いを嗅ぐと体の中に豊かさがみなぎり、穏やかな気持ちになります。「森林浴」をしているような爽快感を覚えます。お札は「紙幣」。紙幣の材料はパルプ、木材ですから「森林浴」といえなくもないですしね。

新札の匂いを嗅ぐと「すてき、最高！　この匂いに包まれたい」と、感動するとともに「こんなにもお金に愛されているのに、私はお金の気持ちに応えているかしら？」と、襟を正すことができるのです。

嗅覚は人間の本能のうちでも、敏感だといわれています。

匂いの記憶は長く残り、それを頼りに関連することもよみがえるということは、私も何度も経験しています。

実際、初めて新札の1万円の匂いを嗅いだ時の感動は、6年経った今でも鮮明に覚えていますし、その時の情景、その日のニュース、抱えていた悩みや仕事の状況、ランチのメニューまではっきり浮かび上がってきます。

匂いの記憶は、脳にしっかりインプットされているのです。

「お金の匂い」を嗅ぐことは、お金と健全に賢くつきあうための術《すべ》です。

ぜひあなたもやってみてください。お金とのご縁がまた一歩、深まります。

Golden Rule

お金の匂いを確認することで、その重み、価値を再確認し、お金と健全に、賢くつきあっていくことができる

歯並びを整えると、「浪費グセ」と「ダメ恋愛グセ」がピッタリ止む!?

風水では**「歯」は金運を司るパーツ**といわれていて、いつも健康で清潔にしていることが大切です。

確かに私自身、歯がボロボロのお金持ちには出会ったことがありません。

お金に愛されている女性ほど、「歯のケア」に一生懸命だというのが実感です。

笑顔が魅力的なある女性経営者は、定期的に歯科検診に出かけ、虫歯のチェックや歯石除去、歯磨きの指導を受けていますし、尊敬してやまない文学者は「歯磨きオタク」を自認されています。

「親知らずをそのままにしていると、人相が悪くなる」という人。「八重歯が魅力的なのも10代までよ」と、除去された方もいます。

忙しいから、時間がないからと、虫歯を放っておく方など、まずいないのです。

「それはお金があるからできることでしょう？　歯の治療や歯科矯正って、お金がかかるじゃないですか！」

そんな声もあるでしょう。

では、すごい美人で有能な人の前歯が黄ばんでいたら、あなたはどう思いますか？「ウソ～っ、不潔」と思うでしょう。虫歯らしきものがのぞいていたら、「治療するお金がないのかしら？」とか、「お給料をたくさんもらっているように見えるけれど、本当はお金がないのね」「ファッションやメイクにお金をかけても、歯まで回らないのね」などと考えるかもしれません。

この状況は、確実に「お金運」を下げています。

黄ばんだ歯や虫歯のある人が「私はとてもお金に恵まれている」と力説しても、歯の状況を目にしている周囲が「それはウソだよ～」となれば、「お金がない」というイメージが定着して、思考が現実になってしまうからです。

自分の思考だけでなく、他者の思考も「お金運」に影響を及ぼすのです。

先に「黄金スマイル」のお話をさせていただきましたが、「黄金スマイル」を作る術を会得しようとしても、歯が汚れていたり、歯並びが悪ければ、本物の笑顔はできないでしょう。第一、歯に問題があれば食べ物をきちんと噛めず、肌荒れや便秘、体調不良を起こしかねません。

「黄金スマイル」の基礎はきれいな歯。ピカピカの歯を見せて「大笑い」できる「歯美人」であることが求められます。

お金に愛されているから歯をケアできるのではなく、お金に愛されたいのならば歯のケアをていねいにする。忘れがちですが、重要ポイントです。

歯並びが悪い上に歯磨きにもあまり関心がなく、「歯医者が怖いから」と虫歯を放置していた親しい友人がおりました。収入もあり美人ですし、性格も悪くないのですが、妻子持ちや無収入といった、どうしようもない男性に惹かれ、尽くして捨てられるというパターンを繰り返していました。当然お金は貯まりません。

収入はあっても「お金がない」「お金が欲しい」が口グセでした。

「すてきな男性もお金も、あなたがきれいな歯になればジャンジャンやってくるわよ」

立ち直って欲しくて、私は伝えました。

彼女も、自分を変えたかったのですね。意を決し、歯医者さんへ。そして半年——。

悪い歯をすべて直し、歯磨きやうがいにも関心を持ったら、なんと「ダメ恋愛グセ」と、失恋のたびにしていた「ブランド品のカード買い」がピッタリ治まったのです。

今は誠実で、もちろん独身の彼とおつきあいをしています。

歯の存在は、侮れませんよ。

Golden Rule

「黄金スマイル」の基礎はきれいな歯。

お金に愛されたければ、歯のケアをていねいに

あなたも「お金の神様」とお話できる

私は時折、「お金の神様」とお話をしています。

彼らは呼び出せばすぐに飛んできて、私の話を聞いてくれる。親身になって相談に乗ってくれます。ちなみに私のお金の神様は2人、女神と男神です。

こんなことを書くと「臼井さん、頭、大丈夫？」「忙しくて、ついに切れましたか、かわいそうに……」なんて思うかしら？

いいえ、私はいたって正常。

というよりも、**あなたも「お金の神様」と話ができます。ですからどんどん会話することをおススメします**。そうすれば「お金に愛される！」驚きの現実を手に入れることができます。

これからお話するのは、あなたらしくお金に愛される、「お金の神様」となかよくする方法です。

私のお金の神様は、「もったいない精神」や、身の丈にあった「お金の使い方」、ケチにならず、かといってムダ遣いはしない「賢い貯め方」など、〝お金の価値観〟を徹底的に仕込んでくれた祖母「女神」と、よくも悪くも「お金に翻弄される経験」や「借金の怖さ」など教えてくれた主人「男神」の2人です。

2人ともあの世に行って久しいですが、お金について考えを巡らせる時、彼らの姿を思い描き、話しかけるのです。

たとえば「女神」である祖母には、「最近私、ムダ遣いしていないかしら？　していないと思うけれど、それは自分を正当化しているだけかな？」などと話しかけます。

もちろん実際に祖母の姿が見えるわけではありませんが、そうやって話しかけることで冷静に、客観的に自分を見ることができます。「女神」に監督してもらっているイメージですね。

「男神」である亡き主人には、ふだんは口にしない「お金の愚痴」をぶつけています。

「反省してよ。あなたが亡くなってから、お金のことで私、大変だったのだから」

愚痴をいう間もなく逝ってしまいましたからね。

そしてお金のトラブルをどう乗り越えたか？「これでよかったんだよね」と確認もしています。

こんなふうに「お金」のことで迷ったり悩んだり、答えに詰まったりすると、私は「お金の神様」を呼び出して話をしているのです。

彼らを呼び出す場所も時間も決まっていません。昼間でも夜でも好きな時に好きな場所に、好きなだけいてもらう。わがままといったらありませんね。

呼び出した時には、「お帰りなさい（笑顔）。お忙しいところ、申し訳ありません。5分だけ時間をくださいね」。会話が終了したら「ありがとうございました（笑顔）。おかげさまで答えが出ました。行ってらっしゃい」などと、声がけをしています。

お金を受け取る時と、支払う時に似ているでしょう。

こういうことを始めて8年経ちますが、「○○を選んではダメよ」という祖母の声が聞こえ、その言葉に従ったおかげで危うく災難を逃れたり、「よくがんばったね」と、主人の声が聞こえた翌日に、思いがけない「大金」を手にしたり。

お金の神様は何かと世話を焼き、応援してくれています。

あなたにも、いらっしゃるのではありませんか？　**お金の教えを授けてくれた先生、師匠、恩人ともいえる方々が**。

その人こそがあなたにとっての「お金の神様」です。

ぜひ思い出して彼らと会話をしてください。きっとあなたの力になってくれます。

今のあなたがあるのは、愛や思いやりを注いでくれたたくさんの方々のおかげでしょう？　そのことを忘れては、お金に愛される資格なしですよ。

Golden Rule

今の自分がいるのは、これまで愛や思いやりを注いでくれて、お金の教えを授けてくれた先生、師匠、恩人ともいえる方々。そんな「お金の神様」とたくさん会話を

〝地に足をつけた暮らし〟が、お金を呼ぶ

お金持ちが、別荘を持つのはなぜだと思いますか？　税金対策として「保養所」を名目にする別荘もありますし、お金持ちは別荘を持つものだという「暗黙の了解」や「見栄」もあるでしょう。でも、それらは別荘を持つ本当の理由ではありません。

自然のパワーを取り入れることが、豊かな人生を送る上で、とても大切なことをお金持ちは知っているからです。

彼らが好む別荘は、「海や山」が見えて「温泉」があって自然を感じられる風光明《ふうこうめい》媚《び》な地にある一戸建て。マンションだとしても、窓が大きく太陽の恵みが存分に感じられたり、広いテラスで眺望が最高によかったりと、自然のパワーを、最大限に感じられる場所です。

一日中、高層ビルの中で仕事をして、太陽に当たらず風も感じない、自然とは無縁の暮らしをしていると、闘争心や競争心は高まっても、心身のしなやかさや健やかさが失われていきます。気づいた時には、病んでいたということもあります。病気とはいえないまでも、元気が損なわれ、やる気もダウン。「黄金スマイル」なんてできませんね。

人は自然の営みに逆らったり、無視していては、暮らしていけないのです。

お金持ちが風光明媚な場所に「一戸建て」の別荘を求めるのは、文字通り「地に足をつけて」生きていること、生かされていることを感じながら自分を取り戻す。抱えているものや、のしかかっていること、心の「もやもや」をリセットして、元気をチャージするためなのです。

では「お金持ち予備軍」は、どうしたらいいのでしょうか？

別荘を持たなくても、自然のパワーを得る法はあります。

たとえば、**土や芝生の上を歩く**のもいいでしょう。私は憂鬱な時、公園の芝生に素足を投げ出して横たわり、背伸びをすることもします。

好きな色のお花の鉢植えを購入して、「元気に咲いてね」「きれいに咲いたね」と話をしながら癒されるのもいいでしょう。

都会でも注意深く目をやると、「こんなところに」というような場所に意外な植物が根を張っていたり、花を咲かせていることがあります。

先日も銀座の公園の片隅で、傷の手当やお腹の調子を整える薬効で知られる「アロエ」と、鑑賞だけでなく食べてもおいしい「つわぶき」を見つけて驚きました。

東京都心でも、秋には銀杏、初夏には落ち梅を拾う楽しみもありますよ。そうやって「自然のパワー」を取り入れてみましょう。

すると心が洗われ、元気になって笑顔になって、「幸せ！」。生きていることへの感謝が募ります。そんなあなたはすごく魅力的です！

Golden Rule

地面、土や芝生の上を足をつけて歩く、好きな色の花を育てるなど、自然のパワーをふだんの生活に取り入れる

「お金さん」「お金ちゃん」「お金様」……。あなたはなんと呼びますか？

テレビドラマで、怖そうなお兄さんが「金、さっさと金を出せ！」「おい、釣りはまだかよ！」なんてスゴみながら「お金」を要求している場面があります。実際、お金を「金」、おつりを「つり」、お財布を「財布」、お札《さつ》を「札」という人もいるし、「安月給」「あぶく銭」「薄給」「守銭奴」「金食い虫」といった言葉もあります。

私の経験からいえば、**お金に対して乱暴な表現をする人は、お金のトラブルに巻き込まれたり、お金が絡む事件や事故を起こし周囲に迷惑をかけたりと、いい人生を歩んでいません。**

急激に大金を手にすると、隠れていた人間性が出るのでしょう。「お金」に愛情を注いで大切に扱い、「お金さん」と呼んで尊敬の念を示していた知人も変貌しました。「やっぱり『金』だよね。『金』がないことには優秀な人材も集まらない」と、呼び方も「お金さん」から「金」に変わり、投げるように小銭を渡す、無造作にズボンのポケットにお札を突っ込むなど、扱い方も乱暴になりました。最も驚いたのは、喫茶店でコーヒーを飲みながら、お札を数え出したことでした。数え終わると、100万円単位で輪ゴムで縛ったのには、開いた口がふさがりませんでした。その後、知人はいかがわしい商法で罰を受け、会社は倒産、家族は離散。今では行方不明です。

お金を呼び捨てにするのは、お金を蔑むことです。

その背景には、「お金は汚いもの」という偏見があるのです。

両親や家族、育った環境の中で「お金の話をするのは卑しい」という教育を受けたり、「ギャンブル好きの父のために苦労させられた」「お金のせいで夫婦げんかが絶えなかった」というような記憶が心に影を落とし、偏見を育ててしまったといえます。

大人になり、自分で「稼ぎ・使い・貯める」状況になっても、植えつけられた「お金の偏見」は、なかなか消えるものではありません。

ふだんはきちんとお金とつきあっている人でも、収入が増えたり、大金を失ったり、お金まわりの状況が変わると「偏見」が顔を出してきます。

幼少期、我が家の家計は火の車でした。借金の連帯保証人になった父が負債をそっくりかぶり、返済に追われ、家族関係は最悪でした。夏休み海や山に遊びに行けないのも、朝食におかずがないのも「お金のせい」と、私はお金を恨んでいました。

祖母が「お金は何も悪くない、お金に色をつけるのは人間なんだよ」「1円は10000円のお母さんだから、まず1円を大切にしなさい」など、お金の価値観を正してくれなかったら、お金に苦労させられたというトラウマにとらわれていたでしょう。ですから「お金の偏見」は他人ごとではありません。

大金を手にしたら、あるいは大金を失ったら、偏見が顔を出すかもしれない。そんな事態になったら、これまで育んできたお金との愛情関係も、終わってしまいます。

そこで、「お金にもっと親しみを込めよう。世間の常識なんて関係なく、私にとって最もしっくりくるお金の〝敬称〟はなんだろう」と考えました。日ごろからそう呼ぶことで**「お金は大切な人」という意識を植えつける**のが目的です。

とはいえ、「お金様」では仰々しいし、「お金ちゃん」ではバカにしています。そこで私は「お金さん」と呼ぶことにしました。

人前でもいいますし（引かれそうな人の前では「お金」です）、金融機関に入金する際は「10万円さんお願いします」、自宅で収支を計算する際は「交際費は5万円さん」「今月は2万円さん使い過ぎたな」といった調子で、**お金に関わることは、すべて「さんづけ」**なのです。

そして眠りつく前には「お金さん、今日もたくさんの恵みをありがとうございました」と感謝し、1日を終えています。すると気持ちも落ち着いて、笑顔がこぼれ、穏やかに安らかに眠ることができます。

すでに5年続けていますが「お金さんに愛されている」という実感は日を追って増していいます。お金に愛されている女性たちは、このような習慣をする人が多いのです。

これを「バカバカしい」と思うか、「いいかもしれない」と思うかはあなた次第です。ただいえることは、**「お金は人と同じ」**。大切に接すれば、あなたの思いを受け取り返してくれます。

Golden Rule

「お金は人と同じ」。そして「お金は大切な人」。お金にもっと親しみを持つために、自分ならではの〝敬称〟で呼ぶ

6

Slow rich

『スロー・リッチ』の法則

どんな時でも
“ゆったり”が、
ハッピーを呼び込む

リッチな女性は上品にアピールする

女性は、厳しい目で相手を見るところがあります。

とくに同性に対してはハードルが高く、「美人」だとか「スタイルがいい」など容姿に関わることは、「美人よね……（だけど性格悪そう）」「肌がキレイね……（お金をかけられるもの）」などと、認めつつもちょっぴり意地悪だったり、仕事ができる女性やステキな奥様に対しても同様です。悪気はないのですが、素直に彼女たちの能力や魅力を認められない。それは憧れの裏返しです。

ですから、誰もが認める「絶世の美女」や、どう背伸びをしてもかなわない「バリバリのキャリアウーマン」や「お金持ち」でもなければ、女性同士のおしゃべりに身近な女性が話題に上ることは少ないといえます。

そんな中、笑顔で無条件に紹介したくなる女性がいます。

それは、「炎が怖くて包丁使いも苦手だけど、おいしい料理を作る料理研究家」とか、「結婚以来、夕食の献立写真を撮り続けている、還暦を迎える女性」、「お見合い101回で結婚相手を見つけた経験を生かして活動する、婚活コンサルタント」というように、**誰もが興味を覚える、その人ならではの、特徴がわかりやすいシンプルな「キャッチフレーズ」を持つ女性**です。

こうした「キャッチフレーズ」は記憶に残りやすいですから、「こんな人、いないかしら？」と知り合いの編集者やクライアントから尋ねられた時、すぐにピンときて、「いるいる、ピッタリの女性が」と、思い出すことができます。実際、彼女たちを紹介して仕事に繋がったケースは数多《あまた》あります。

紹介をお願いされているわけではありませんが、応援したくなるのです。まるで「広報ウーマン」のようですね。

でも、「あのテレビ番組に出演したいから、担当者を紹介して欲しい」とか、「こういう仕事がしたいから、誰か知らない？」などと頼まれたら、躊躇するでしょう。**「広報ウーマン」は自分の判断で気持ちよく動きたいから、お願いされたらいっぺんで嫌気がさす**のです。これも女性の特徴でしょうか。

Ｓさんは、ホテルのクローク係から有名ホテルの社長になった方ですが、彼女はクロークに預けられたコートのボタンが取れかけていると、お客様におうかがいした上で付け直したり、時にはズボンのほつれも直していたそうです。

そんなことから「気が利くクローク係の女性がいる」と評判になりました。ＶＩＰのお客様を任される客室係、そして営業の責任者……、と次々に責任ある部署を経験。今の地位に上り詰めました。

自分が会える人の数などたかが知れています。だからこそ、たくさんの人が自分を紹介してくれたり、宣伝してくれたら、確かに出会いも増え、チャンスも広がります。

でも、**お金に愛される女性は、「聞いて、聞いて！　私、こんなことができるの！」などと、猛アピールはしません。**

自分で自分の特徴やユニークポイント、オリジナルな魅力をシンプルな言葉にまとめたキャッチフレーズを作って発信したり、Ｓさんのように「誰にもできるけれど、誰もやらないこと」や「誰もが気づくけれど、みんなスルーしてしまうこと」をさりげなくできる。上品なアピールがうまいのです。

この際、忘れてはいけないのは**「キャッチフレーズ」が本物であること**。どんなにすばらしく興味を惹く「宣伝文句」も見かけ倒しであれば、せっかく紹介してくれた「広報ウーマン」を落胆させます。

そして、**相手の立場を踏まえて気遣いをすること**。「やってあげる」などと強調すれば「お節介」にしかなりません。

「紹介してよかった〜」

「うわぁ〜♪　こんな女性がいるんだ。感激した！」

そんなふうに喜んでくださる人が増えたら、ご縁が繋がり、チャンスが広がり、あなたはどんどん成長し成功していきます。お金もハッピーも舞い込んでくるのです。

Golden Rule

あなたならではの、シンプルで特徴がわかりやすい「キャッチフレーズ」を持つ。自分から「できる」「やりたい」アピールはしない

「駆け込み乗車はしない」理由

「あっ、ドアが閉まる……、急げ！」

階段を駆け下り、発車寸前の電車に飛び込む。何とかセーフ！

こんな経験、あなたにはありませんか？

「毎朝、しています」「年中ですよ」という人は、運気を下げている可能性があります。

これまでお会いしてきた、お金に愛される女性たちからは「駆け込み乗車はしない」という話をよく聞きます。その理由をうかがうと、**「お天道様が見ているでしょう」**。

「ドアに挟まるかも知れないから危ない」だとか、「焦る姿を人目にさらすのは恥ずかしい」というような理由もありますが、本当の理由は「お天道様の存在」なのです。

「これくらいならいいよね、誰も見ていないから」と、軽い気持ちでしたことが、雪だるま式に自分の道徳心を蝕んでいくということは、本当に多いのです。

たとえば、駅前の放置自転車。

誰かが1台自転車を止めるとそれを目にした人は、「まぁいいか、すぐに戻るからここに止めても」となり、次々にそういう人が集まってきて、自転車を止めたことで道がふさがり、通行の妨げになり、火災や事故が起きた場合、緊急車両が通れず大惨事を招くかもしれません。

「これくらいならいいよね」という気持ちは、「悪魔のささやき」です。悪魔に魂を売ってはいけませんね。

私はこれまで、男女問わず何千人ものお金持ち、成功者といわれる人にお会いしてきました。

中には「法律には触れないかも知れないけれど、人として許せない」とか、「お金は欲しいけれど、ああいうことはしたくないな」と思うようなお金の稼ぎ方をしている人たちもいました。でも、そういう人たちは、誰一人も残っていません。

「お天道様」はいつでも見ていて、「いい加減にしなさい。心を入れ替えて、まっとうに働きなさい」と教えてくれているはずなのに、それを無視すれば、そのままではすみません。淘汰されていくのです。

逆に黙々と学び、努力を積み重ねた人の成功は、長続きしています。

屋台で「フレンチ風ラーメン店」を始めた女性は、その味、メニューのユニークさ、ネーミング、接客が評判になって、地元の名士から無償で店舗の提供を受け、その後業績を伸ばし続けています。

彼女は元々、飲食業とは無縁の事務職についていたのですが、大の「ラーメン好き」で「フランス料理好き」。好きなことだからと、とことん研究し、突き詰めていった結果、今の成功にたどり着いたのです。

誰が見ているわけではないし、人に「こんなことをやっている」と誇るのでもない。真摯にまっすぐに「正しい努力」を続けている。

そういう人を「お天道様」はきちんと見ていて、力を貸してくれるのですね。

成功している女性、輝き続けている女性、お金に愛されている女性たちは、「これ

ぐらいなら許されるよね」というような行いはしません。それが自分自身の成長を妨げる「原因」になることを知っているからです。

「駆け込み乗車をしない」というのは、たいしたことではないと思うかもしれませんが、そう決めて実践することは、成長や成功に繋がる一歩です。

「お天道様」なんて迷信だと思う？　まっすぐに生きるなんて、古臭いし、効率悪い？　とんでもないです！

目の前にあること、仕事、出会う人に感謝をしながらまじめに生きる。正しい努力をし続けることこそが、最速で幸せになる、お金に愛される道です。

Golden Rule

「誰も見ていないからいいか」は悪魔のささやき。誰も見ていないところでこそ、真摯にまっすぐに「正しい努力」

〝スーパー・ウーマン〟は返上しましょう

「あれもしたかったのに、できなかった」

「やらなければいけないのに、どうしてできないの？」

そんな自分が情けなくて悔しくて、かつての私は眠る前に毎晩、１日を振り返ってはため息ばかりついていました。

いい奥さんであり、すばらしい経営者になりたい。美しくてセンスがよくて気配りができる、賢い女性。そんな「スーパー・ウーマン」を、私は目指していました。

だから現実とのギャップに、泣いたり悔やんだりイラついてみたりと、本当にイヤな女でした。そんな私の目を覚ましてくれたのが、母のキツいひと言でした。

「あなたは、ほめられたいだけでしょう！」

そんなつもりはありません。なんでもできる女性になれば、仕事も家庭生活も人間関係もうまくいくじゃないですか。お金持ちになれば、母にも楽をさせられるのに。

心の中で「ひどい、お母さんは何もわかってない！」と反撃していたら、「もう我慢できない、一生懸命の押し売りは止めて！」。そして働くことの意味を諭されました。「傍《はた》を楽にさせるから、働くというのよ。それなのにあなたは傍を苦しめている。働いてなんていないのよ。わかる？」

ガーン！　ハラハラ、ほろほろ……。頭突きをくらったような衝撃に、目からウロコが何枚も剥がれ落ち、冷や汗をかいてやっと私は気づいたのです。

「すごいね、偉いね」と、ほめられたり認められたり、仕事と家事を両立させる「有能な女性」と評価されたかった。周囲を困惑させ苦しめているなんて、私は想像もつかなかったのです。


兼業主婦ならば「仕事も家事も、両方がんばる」。

専業主婦ならば「夫をたて家を守り、子育て、家事いっさい手抜きをしない」。

独身ならば「美人で、有能で、部下や同僚、男性からも憧れの眼差しを向けられる」。

あなたもそんな完璧な女性＝スーパー・ウーマンに憧れるところがあるでしょう？

わかります！　ドラマの世界ならば、そういう女性が大活躍していますものね。

私たちの心には、いつの間にかしがみついている考え方があります。

子どもがいない専業主婦は、時間があるから家事全般を手抜きなしでやるのが当たり前だと自分に課す。生家の教えで、女性はお酒のつきあいをしてはいけないからと、飲み会を断る。お母様の影響で、インスタント食品や冷凍物は一切使わない、手作り料理が自慢の、フルタイムで働く主婦の友人もいます。

すごい！　尊敬します。でも大変そうで、辛そうなのです。

「やらなくてはいけない」「守らなければいけない」というのは、あなたの思い込みかもしれない。思い込みを超えて〝はた迷惑〟になっていることも、あるのではないでしょうか。

「できなかった、ダメだった」と自分を責めるよりも、「あれもできた、これもできた、私ってすごい！」。

そんなふうに1日を終えるほうが、心豊かになって明日を迎えるのが楽しくなります。そんな**心の豊かさで周囲の人も楽しくなって、あなたへの理解が深まる**のです。

私の場合も、スーパー・ウーマンを目指して必死になっていたころはギクシャクしていた夫婦関係が、考え方を改めたら改善しましたし、3人の子どもを持つ雑貨店を営む友人も、やらないことを決めて「楽する！」宣言をしたら、7年来の頭痛がやんだといいます。家族からの不満はないし、むしろ会話が弾んでいいことばかり。

あなたも**「やらないこと」を決め、実行してみませんか？**

「やらなくてはいけない」「やるべきだ」と、しがみついていることが、本当に正解なのか、疑ってみませんか？

基準は人それぞれ違います。選択に困ったら**「私がやめたところで、世の中そんなに変わらない」**と思って、ゆったり考えてみましょう。お金は、余裕のある人が好き。キリキリしていたら、お金も運も人のご縁も遠ざけてしまいますよ。

Golden Rule

「やらなくてはいけない」「やるべきだ」とがんばっていることが、本当は〝はた迷惑〟になっていないか、自分を苦しめていないか、疑ってみる

自分の「美学」を持ち続ける

世の中の常識や「これだけ知っていれば恥をかかない」というマナー、「これを学べばできる人になる」というノウハウ、仕事のやり方。

たとえば、挨拶にはじまって名刺交換のやり方、どんな話題を出せば相手の関心を向けることができるのか、などなど。仕事でもプライベートでも、覚えなければいけないことはたくさんあります。なぜでしょうか？

会社にとって必要な人だと思われたいから。成果を上げてもっと大きな仕事を任せられたいから。モテたいとか、目立ちたいという思いも正直あるでしょう。答えはいろいろありますよね。

でも、突き詰めれば、有利な条件を得て生きたいから。

お金に恵まれ、カッコよく心豊かに人生を謳歌したいからだと思います。

誰だって、お金はないよりもあるほうがいいですし、カッコ悪い生き方を好んで選ぶ人はいません。

「いいね！　ステキ！」と思われたいのは、私も同じです。だから見栄もはるし、自分の能力を誇張してしまうこともあります。

お金に関していえば、とにかく稼ぎたいから、役に立ちそうな書籍を読み漁り、ビジネスの成功者の話を聞く。貯めたい、増やしたいという思いから金融セミナーに通い、見聞を広める。その一方で節約法も学ぶ……。

勉強することは山ほどありますね。さぁ大変だ。私が知るだけでも、そうした物事にお給料の半分近くをつぎ込んでいる人が、両手ではすまないくらいいます。

学ぶことはすばらしいですし、意欲は買います。

ただ、一度自分に問いかけてみたほうが、いいのではありませんか？

「それはあなたが求めていることかしら？」

「あなたは何者になりたいの？」

「自分磨きマニア」や「セミナーおたく」で終わる人を、私は数多く見てきました。

稼ぎ方、貯め方、増やし方、使い方……。**お金の常識やマナーは、自分自身がどうありたいかという「自身の美学」**です。ノウハウよりも心の部分が大切なのです。心がなければ、形も決まらないですし、どんなにすばらしいノウハウであっても、身につきません。形だけのものは輝かないのです。

うわべだけの「お金の習慣」は、お金の神様やお天道様、対する相手、周囲の人に見透かされてしまいます。

お金に恵まれて、「成功者は高級外車に乗る」という形を取り入れても、あなたが気恥ずかしい、馴染まない、落ち着かないのならば、お金に恵まれているようには見えません。お金の立場からすれば「もっとうれしそうに使って欲しいな」と、思うでしょう。

逆に、国産の軽自動車を颯爽と乗りこなすほうがハマるなら、そちらのほうがカッコいい、美しい。お金から見ても「喜んで使ってくれてありがとう」。

そういって、価値を見出してくれるあなたのもとに飛び込んでくるはずです。

お金は純粋無垢なエネルギー。だからこそ純粋に喜んでお金の価値を見出し、美し

くカッコよく接してくれる人が好きなのです。

あなたが、どうなりたいのか？
どんな未来を描きたいのか？

あなたの「美学」を見つけてくださいね。明確に見つけた人から、お金に愛されていきます！

Golden Rule

お金の常識やマナーは、自分がどうありたいかという、あなたの「美学」。誰かの受け売りやお仕着せではない、自分ならではの「美学」を見つけて

「ごきげんさん」になる

「おはようございます！」

1日は爽快に始めたい、ということで、元気よく明るく挨拶をする。

なのに、返ってくるのは、「おはよう……」という消え入りそうな声。顔を背け不機嫌そうにされると、さっきまでテンションを上げていたのに、本当に気が滅入ってしまいます。

「どうしたの？　何があったの？　私、気に障ることをしたかしら？」

考えているうちに、こちらまで気分が悪くなり、無性に腹が立ってきます。

あなたも覚えがあるでしょう。**不機嫌は伝染する**のです。

こんなふうに周囲の不機嫌をもらうと、1日が台無しになってしまいますよね。

さぁ、あなたならどう乗り越えますか？

やることはとにかく簡単。**「ごきげんファイル」を開いて、「ごきげんよう」と声をかけ、「ごきげんさん」になればいい**のです。

「ごきげんファイル」とは、「とびきりの自分の笑顔」や、有無をいわせずたちまち笑顔になる「変顔」、大好きなペットの「超かわいい」写真などを、携帯やパソコンのファイルに保存したものです。

すねまくる、落ち込みまくる、嘆く、諦める、皮肉たっぷり……。不機嫌の回復には時間がかかるし、そういう人に伝染してしまったら早急に直したい。でないと、自分も感染源になってたくさんの人を、不機嫌にしてしまうでしょう。それは、「運も縁も遠ざけてお金に愛されなくなる」原因になりますから。不機嫌な人にはなりたくないと、あなたは日ごろから気を配っていると思いますが、世の中には「不機嫌さん」がたくさんいます。ですから、予防対策として「ごきげんファイル」が必要なのです。

不機嫌な風を感じると、私は即「ごきげんファイル」を開いて「とびきりの自分の笑顔」を画面いっぱいに出します。……すでにこの段階で大笑いです。

そして笑いながら画面に向かって、「ごきげんよう」と、挨拶をします。

私が過ごした大学での挨拶は「ごきげんよう」でした。朝に正門をくぐる時、門に向かって「ごきげんよう」。授業のスタートも終了も、帰りの挨拶も「ごきげんよう」。廊下ですれ違う先生や友人にも「ごきげんよう」。最寄り駅の駅員さんやパン屋のおじちゃんにも「ごきげんよう」でした。するると、無愛想な人も「ご機嫌」がよくなるから、不思議！

実は「ごきげんよう」には「(会わなかった間)ご機嫌はいかがでしたか？　あまりよくなくても、一緒によくなりましょうね」「次に会う時まで、ご機嫌よくいましょうね」という意味があるのです。

「ごきげんよう」

鏡に向かって試しにいってみてください。すると、優しい眼差し、エレガントな微笑み、ステキに輝いているあなたに気づきます。

「ごきげんよう」という時、人は誰も三割増しで魅力的になるのです。

そうそう、その調子！

「ごきげんよう」は、人を機嫌よくさせるのです。

目の前にいる人や周囲の人のご機嫌をうかがうのもいいけれど、自分が「ごきげんさん」になっていく。

「ごきげんさん」になると、世界が変わります。これが世の中を「幸せ満タン」にする一歩なのです。

もちろんお金は「ごきげんさん」が、大好きです。

ちなみに「ごきげんファイル」に保存している写真は、定期的に見直し「ごきげん度」が高い写真を残していくようにしましょうね。

Golden Rule

「ごきげんファイル」を開いて「ごきげんよう」と声をかけ、「ごきげんさん」になって、目の前にいる人や周囲の人に「ご機嫌」をプレゼントする

たくさんの人を幸せにした人が、「お金持ち」になる

多くの人は、両親や家族など身近な人から、お金に対する感覚や価値観を植えつけられて成長します。

私の場合、最も影響を受けたのは「祖母」です。

「お金は純粋無垢なエネルギー。そこに色をつけるのは人間」

「1円は1万円のお母さんなのだから、1円こそ大切にしなさい」

汚れた1円玉を洗い磨きながら、よく話をしてくれました。

反面教師になったのは、おおらかなお金の使い方をする「父」。

「母」からは稼ぐことの厳しさを学びました。

子どもの私に「心豊かなお金持ちとはどういう人なのか」を、わかりやすく教えてくれたのも「祖母」で、振り返ると、祖母の「お金の授業」は、5歳のころにはスタ

ートしていたようです。

きちんとお金の価値観を授けてくれた家族がいたから、紆余曲折はあったけれど、今何不自由ない暮らしができるのだと感謝しています。

しかし「お金は人を狂わせる」とか、「大きく稼ぐには手を汚さないとダメ」「大金を稼いでいる人は、いい死に方をしない」などと、お金の恐怖や忌まわしさを植えつけられて育つ人もいます。

そうした人がそのまま大人になると、お金とどういう関係になるのでしょうか？ お金を持つことへの恐れやネガティブな感情が、払拭されないまま大人になると、忌まわしい現実を引き起こすということがあります。

お金のトラブルを一度でも経験してしまうと、「やはりそうだったんだ」と納得して頑なになり、そのままお金に恵まれない生活を送ってしまう。悲しい話ですが、**こうした貧乏人根性が貧乏を育てる**のです。

しかし、どのようなお金の教育を受けてきた人でも、お金に対する正しい感覚を持った時から、「お金に愛される人生」がスタートします。

祖母から教えられてから、ずっと私の心に息づいている言葉があります。

「たくさんの人を幸せにした人が、お金持ちになるんだよ」

初めてこの言葉を聞いた時、それならば、おもしろいことをして笑わせればいいと、周囲の大人や友だちに「変顔」をしたり、流行のギャグを飛ばしていました。笑うって幸せなことでしょう。たくさん笑ってもらえたら、早くお金持ちになれると私は思ったのです。祖母は苦笑いをしながら見ていましたね。

今ならばわかります。

「お金持ちは誰かを不幸にしたり、悲しませたりしない。幸せな人を増やす行いをしてきたからお金持ちになれた。世の中にまいた〝幸せの総量〟が、お金となって帰ってくるのだ」と。

私はこれまで多くの「お金持ち」といわれる方に、お会いしてきました。年齢、性別、国籍、仕事の内容はさまざまですし、生まれながらのお金持ちもいますし、一代で富を築いた方もいます。その中に、人を幸せにすることをないがしろにする行いをして、お金持ちであり続けている方はいません。

人を騙したりごまかしたり、他者を蹴落としてお金を得た人は、みんな落ちぶれていきました。

「たくさんの人を幸せにした人が、お金持ちになる」という祖母の言葉は真実です。

人を幸せにする行いとは、ビジネスウーマンならば商品やサービスを通じて、お客様を精一杯もてなし、喜んでいただく。同僚や部下の成果を心から喜ぶ。毎日の挨拶で周囲の空気を明るくするのもいいでしょう。

経営者ならば、たくさん儲けて得た利益を税金という形で、社会に還元する。

主婦ならば、おいしい料理で家族に喜んでもらう。いつもフカフカのお布団を用意して安らかな眠りを得てもらう。

そういう、今できることの日々の積み重ねでいいのです。やがてあなたが社会にまいた、幸せの総量が「お金」という形になり、あなたのところに戻ってくるのです。

Golden Rule

あなたが世の中にまいた〝幸せの総量〟が、「お金」になって帰ってくる。それはあなたのできることの、日々の積み重ね

「プチ内観《ないかん》」で心と体をほぐす

忙しさに翻弄され、時間に追われるようになると心がトゲトゲしてきて、態度や言葉遣いにも余裕がなくなります。

人の教えやアドバイスを皮肉と受け取ったり、深読みして悩んでみたり、素直になれない。こういう状況はまずいです。お金と縁遠くなりますよ。

そんな時には、「プチ内観」をしてみましょう。

「内観」とは、対象人物を1人、たとえば母親に対しての自分を、小学校低学年からおよそ3年から5年刻みで、現在の年齢まで、

①してもらったこと

②して返したこと
③迷惑をかけたこと

を、順に追っていくのが一般的な方法として知られています。

私は家族関係で悩んでいた時、専門の道場で「1週間」体験をしたのですが、理屈では説明できないできごとの連続でした。


7歳の時にいたずらを怒られて、飼い猫を連れて家出をしたのですが、深夜の公園で私をみつけた母の、外灯に照らされた泣き顔や、仲違《なかたが》いしたままでいる中学時代の親友と交わした言葉。危うく交通事故に巻き込まれそうになった私を救ってくれた、近所のおばちゃんのひと言……などをはっきり思い出しました。潜在意識が呼び起こされるのですね。

私はこんなにも多くの恩を受けているという驚き。そして、命をいただいたことへの感謝、両親や家族、関わる物事すべてへの感謝で、涙が枯れるのではないかと思うほど、号泣しました。

1週間の内観を終え、見上げた空の透明感は未だに忘れられません。心身ともに解き放たれ、「私はどれほど恵まれているのか」という、満ち足りた幸せな気持ちを取り戻すことができたのです。

今回おススメする「プチ内観」は「プチ」ですから、気楽に考えてくださいね。心身をリラックスさせ、「心と体にありがとう」と感謝するつもりで行うといいでしょう。ここでは私流のやり方をご紹介します。

(1)就寝前、照明を落とし、気持ちのいい温度に設定した部屋に、楽な服装をして座ります。

(2)目を閉じて、ゆっくり深呼吸。深くゆっくり吐いて、自然と吸い込んで深くゆっくり吐いて……を繰り返します。

(3)落ち着いてきたら、最近経験した

①うれしかったこと

②そのことを与えてくれた人にして返したこと

③迷惑をかけたことを思い出していきます。

心身ともにヘタって、イライラ、ギスギスしている時には、「うれしいことなんてなんにもない」とか、「迷惑なんて誰にもかけてないよ」なんて、最初のうちは思うかもしれません。

それでも、心と体をやさしくいたわるようにリラックスさせて、ゆっくりゆっくり思い出してみてください。

「褒めてくれた友だち」や、「おいしいお菓子をお裾分けしてくれたご近所さん」「ていねいに仕事を教えてくれた仲間」「ママ、好き！」っていってくれる愛犬……。

うれしいことばかりという現実に気づきます。そして、

「こんなにいろいろよくしてもらっているのに、私は何もお返しをしていない」

「お返しをするどころか、イライラをぶつけているよね」

というように、冷静に自分を見つめることができるようになります。

そしてまわりの人たちへの感謝から、やがて、健康であること、24時間休むことな

く文句もいわず働いてくれる、「自分の心と体への感謝の念」が募ってきます。

「（私を支えてくださる皆様、万物に）ありがとうございます」

最後に、こうつぶやいて私は「プチ内観」を終え、眠りにつきます。

するとね、感謝のパワーが体にみなぎり、イヤミな私なんて完璧に退散。明日は余裕しゃくしゃく。満面の笑顔で始まり、いいことがたくさんやってきます。

この感動をあなたも、味わってくださいね。

Golden Rule

「プチ内観」で、まわりの人たちへの感謝と自分の心と体への感謝のパワーを体に取り入れて

7

Sharp rich

『シャープ・リッチ』の法則

コンプレックスも逆境も、
歓迎できる人が
お金から愛される

どんな逆境もプラスにする「かわいいしたたかさ」

「顔はかわいいけどさ、歩く音がうるさいよね」「確かに……。デブはおとなしくしていればいいのに」

高校2年の6月、男子のおしゃべりを偶然聞いてしまいました。

歩く音がうるさい、デブ……。私のことです。

「くやしい！　キレイになって見返してやる！」

大好きな男子にいわれたわけではないけれど、これで一念発起。それからの執念と集中力は我ながらすさまじかったと思います。ダイエット、ジョギング、ストレッチ、水泳……、やれることはすべてやって、夏休み明けの登校日――。

「あの子誰？　臼井さんに似ているけれど」

私は、着ぐるみを脱いだかのようにやせて、二重あごと三段腹がなくなり、おかげで、奥二重がパッチリ二重になり、整形疑惑が持ち上がるほど変身しました。

「人は怒りや不満など、『マイナスエネルギー』を抱えた時、限界を超えるパワーが出る」ことを、この時初めて知りました。

ただし、マイナスエネルギーは消費期限が短い。すぐに使い切ってしまうのが欠点ですからその都度、ピュアでまっすぐな、心からそうしたいと思える夢や目標を見出すことが欠かせません。

前述のようにスリムに変身した体も、マイナスエネルギーの消費期限切れに伴い、リバウンド。「マイナスエネルギー」だけでは、継続はできないと理解しました。

お金に愛されている女性にお会いすると、**「逆境が自分を育てた」**という話をたびたび耳にします。

ある人は大病、夫の突然の死、離婚、子どもとの別れ、勤めていた会社からクビをいい渡されたり、セクハラやパワハラを受けたりしたことが、「超ド根性」に転換されて、がんばり続けた結果、高収入を手にすることになったといいます。

ただし、その過程で働く意味や生きる意義、「私の人生、これでいいのかな……」というように目標を見失い、心が迷子になったり、体を壊したりといった、苦い経験をしている方が多いのです。

皆さんおっしゃるのは、**「苦しい、つらいというマイナスエネルギー」に「楽しい、うれしいハッピーエネルギー」を少しずつでも足しながら走らないと、息切れしたり逆戻りしてしまう。「超ド根性」に、「しなやかなかわいらしさ」という〝スパイス〟を加えるのが、大切**だということです。

女性は、弱音を吐かずこうと決めたら一心不乱、「がんばり屋」が圧倒的に多い。批判や中傷、コンプレックスや弱点、失敗、泣いた数……、そうした〝負の経験〟を味わうほど、いい意味で被害者意識が高まって、「超ド根性」で固まってしまい、気づかないうちに、周囲を寄せつけない雰囲気を醸し出してしまうことがあるのです。するとさらに自分で自分の首を絞め、自らをドンドンつらい境遇に追い込み「孤立」して、その結果、心身のバランスを失ってやっと気づくのです。「甘えれば よかった。頼ればよかった」と。

自分一人でできることであっても、周囲の人に教えを乞う。手伝ってもらう。あえ

て弱みをさらけ出す。ドジな自分も見せてしまいましょう。
それができる人は、縁や運を引き寄せ、苦労は半分、幸せ倍増。人生の満開期を迎えるのも「スムーズ」です。

マイナスエネルギーは悪くない。コンプレックスも逆境も、それ自体は歓迎するべきできごとです。そのままにしておかず、「起爆剤」にして大いに活用しましょう。

「大変だ」と、泣いたりわめいたりしなくていいのです。

「大変」とは「大きく変わる絶好機」。

これから「お金に愛される人生」が開幕する!

大変から始まる「お金とのご縁」を信じて進んでいきましょうね。

Golden Rule

コンプレックスや逆境＝「苦しい、つらいというマイナスエネルギー」は〝起爆剤〟に。「楽しい、うれしいハッピーエネルギー」を少しずつでも足しながら前へ

料理上手は「幸せ上手」

「お金に愛される女性は料理上手」——経験則ですが、これは確かです。

彼女たちのホームパーティーやお茶会にお呼ばれすると、ゲストとの会話に盛り上がっていたかと思うと、絶妙なタイミングで手料理が運ばれてきたり、気配りの目が行き届いているけれど、押しつけがましくなく「お代わりはいかがですか？」などと、サービスをする。その段取りのよさは「さすが！」というしかありません。それは、特別な場合だけではありません。ふだんのご飯も、きちんと料理をしているのです。

だからといって、すべてお手製だとか、無農薬有機栽培の野菜しか購入しない、高級食材を選んで使うというような、堅苦しいルールを持っているわけではありません。手間やお金、労力、それぞれできる範囲で「おいしい料理」を作る。

お金に愛される女性にとって、料理は暮らしに根づいた習慣なのです。

そして、料理を習慣にすると、「見る」「聞く」「嗅ぐ」「味わう」「触れる」という「五感」が、鋭くなります。たとえば、鯵の塩焼きを作るとしたら、活きがいい鯵を選択するには「見る」「触れる」「嗅ぐ」。ピッタリの焼き加減を判断するには「聞く」「嗅ぐ」「見る」「触れる」も必要でしょう。そしてできあがれば「五感」を総動員して味わいます。何をするにも欠かせない感覚「五感」が、料理をすればすべて効率よく鍛えられるのです。これは、すごいことではありませんか！

仕事も家事も人づきあいにしても、日々、選択と決断の連続です。やるべき仕事や家事、つきあうべき人。自分にとってどう進めばベストなのか。即座に決めなければいけないことも、多いでしょう。もちろん他者の意見に耳を傾けるのも大切ですが、結局は自分が決めないことには始まりません。

そんな時、五感が鋭い人は「ピン」ときて「ポン」。自分の意思でたちどころに答えが出ます。誰もが忙しく働き、慌しく動く、時代のスピードが速い中で「機を見るは敏なり！」。**物事の絶好機を見極め、その他大勢から抜き出るには、「五感」が鋭いことは必須。**お金に愛される女性たちは、そのことを知っているのです。

また、食材を洗う、刻む、こねる、叩く、伸ばすというような単純作業に没頭すると、考えてもしょうがない悩みや迷いなんて、たちどころに消えてしまいます。**料理は、リフレッシュ効果も満点**なのです。

私はストレスを感じたり、疲れている時ほど、料理をします。コネコネ、バンバンする「手打ちうどん」「パン」、刻みものが多い「餃子」、ルーを使わない「カレー」「シチュー」など。作り方は大雑把ですが、ひたすら単純作業を続けることで視点が変わり、思わぬひらめきがあったりするし、疲れなんて忘れます。**怒りを感じている時には「鍋」や「グラス」を磨くのもおススメ**。道具はピカピカ、心もピカピカになっていうことなしです。

女性だから料理をすべきだなんて、私は思いません。ただ、**料理をすればするほど「五感」が鋭くなって感性が豊かになります。お金の3要素である「稼ぐ・使う・貯める」にも、影響を及ぼすのは間違いありません**。

Golden Rule

料理は「選択と決断」のための五感を鍛えてくれるし、ストレスも解消してくれる。疲れている時ほど料理を

キツい言葉のあとには「なんちゃってね♪」

愚痴や不平不満、言い訳の類を聞くのはイヤなものです。そうしたことをいう人は苦手ですし、仲間内で冗談半分に悪い噂を流す人やそれに同調する人にも、私は近づきません。自分も「同じ穴の狢《むじな》」だと思われたら、お金の神様に嫌われるでしょう。

お金は純粋無垢なエネルギーですから、好む相手も純粋無垢な人。明らかに不快な言葉を投げる人には、はなから寄ってこないでしょう。

お金に愛されている女性にお会いする中で気づいたのは、その人の言葉のシャワーを浴びるだけで元気になったり、やる気がわいたり、〝ご利益〟を感じる人が多いということ。体調が芳しくない時でも、彼女たちに会うと、帰り道は気がつくとスキップしていたり、鼻唄が飛び出したり、絶好調になります。

一方、元気満々で会ったのにグッタリ。早く別れたいと思う人もいます。

そうした人は、「あなたのためだから教えるのだけど」「気を悪くしないで聞いてね？」などといいながら、嬉々としてマイナスの言葉を語り始めたりする。彼女らがいう「あなたのため」は「自分のため」なんです。

では、お金に愛されている女性は、愚痴や不平不満、言い訳の類は絶対いわないのでしょうか？　たまにはいいます、人間だもの。腹が立つこともあるし、理解してもらえないイラ立ちから、八つ当たりすることもあります。

K子さんは43歳、一部上場会社で役職につくバリバリのキャリアウーマンです。いつも笑顔で何があっても動じない雰囲気。包容力があって優しくて、面倒見のよさもあって、ひと回りも年上の私が「姉さん」といって甘えています。

その彼女、一旦愚痴が始まると「超迫力、ダイナマイト級」。

上司や取引先、同僚、部下……。利害関係がない私ですから、「あんな奴、ぶっ飛ばしてやる」とか、「女だからと思ってバカにするな〜」などと、時にはパンチポーズもしながら語るのです。

でもイヤじゃないんです。なぜ？　友人だから？　姉さんだから？

違います。彼女の語り方に工夫があるからです。

ひとしきりマイナスの発言をしたあとに、「なんちゃってね」（ガハハと大笑い）、あるいは、「でもでもでも、そんなの関係ない」（「って小島よしおか？」とノリツッコミ）。妙齢の、仕事ができる女性が繰り出す「グチ劇場」に、私はいつも笑い転げます。

こうすれば、怒り狂ったり、落ち込んだり、自分自身制御できずイヤなことを語ってしまったとしても切り抜けられる。**マイナスの言葉も「なんちゃってね」や「でもでもでも、そんなの関係ない」で相殺《そうさい》されるのです**。

マイナスの言葉はやめたほうがいいのは、疑う余地はありません。でも我慢できない時だってある。いい子になってばかりでは、疲れますよね。

その時のために「なんちゃってね」「でもでもでも、そんなの関係ない」。

関係ないなんて切り捨てずに、覚えておいてください。お金も笑い転げて「おひねり」を下さるのではないかしら。

> **Golden Rule**
> 我慢できなくて、愚痴や不平不満、言い訳などのマイナスの言葉を口にしてしまった時は、「なんちゃってね（爆笑）」で切り抜ける

大金に対する恐れをなくす「電卓レッスン」

「お金持ちになったら、豪邸を購入したい。クルーザーを購入して、休日は船上パーティーもいいなぁ」というように、胸を膨らませることもあるでしょう。でも、お財布の中身や通帳の残高を目にすると、ため息……。

「お金に愛されるなんて、ありえない〜」。あなたがそんなダメ出しをしているとしたら、数字が苦手で計算が嫌いなことが原因かもしれませんね。そういう傾向がある人は、とびっきりの電卓を手に入れましょう。触れるだけでワクワクする、計算するのが楽しくなるような「お気に入りの電卓」を購入するといいですよ。

電卓は計算するだけのものではなく、お金の価値観を正したり、夢や目標を明確に頭に叩き込んだりと、お金と親しくなる「開運ツール」でもあるのです。

お気に入りの電卓を身近に置いて、ちょっとした時間に「パチパチトントン」。リズムに乗って数字を出しましょう。

まずやって欲しいのが、あなたの**「時給」＝時間価値を計算すること**です。

たとえば、あなたのお給料が28万円だとしたら、1日8時間勤務で1か月20日間出社として、「8×20＝160」。28万円を160で割れば、時給が算出できます。

こうしてはじき出された数字「1750」を見て、初めて「私の時給は1750円」と意識するでしょう。

するとお金と時間の関係が明確になり、「お給料に見合う仕事をしているかしら？」とか、「外食に1万円かけるということは、6時間は働かないといけないんだ」「洋服に毎月5万円もかけるのはバランスが悪いなぁ」と生活費全般や、保険、貯蓄、支出についてもいろいろ計算したくなります。**数字に親しみを感じ、計算するのが好きになります。それはお金持ちへの階段を確実に上り始めている証し**です。

さぁ、リズムに乗って、計算を続けましょう。

あなたが月給200万円になり、先の条件と同様に働いたとしたら、200万円を160で割ってはじき出される数字は「12500」、時給は「12500円」に跳ね上がります。

この数字を見ると、「お金持ちはいいなぁ」という憧れだけでなく、「責任」や「義務」の重みも感じるのではありませんか？　そこで初めて、お金持ちになるとはどういうことかも、わかるでしょう。

ふだんの暮らしでは、1億円を目にすることはないでしょう。1000万円もまずない。100万円単位でやっと実感できるのではありませんか？

でも、**電卓上では、億万長者にたちどころになれます**。現実はお金に恵まれていなかったとしても、億万長者の実感を計算することで得られるのです。

電卓であれこれ数字をはじくのは、「本物のお金持ちになった時に、無謀なお金の使い方や貯め方をしない」「お金を稼ぐことのみに血道を上げない」など、**永久にお金に愛されるために、今から心構えや行動、お金のマナーを楽しみながらレッスンすること**でもあるのです。

「お金が人を変える」

本当はそんなことはないのに、お金に色をつけるのは人なのに、そういわれ続けていますから、大金への恐れを抱く人も多い。だからこそ、**電卓でお金持ちに相応しい自分を明確に意識しましょう。**

私のとびっきりの電卓は、金色のボディにスワロフスキーのビーズがちりばめられた、手のひらよりふた回りほど大きい、キーが打ちやすいもの。「キラキラ・ピカピカ」で見ているだけでウットリ。計算をしているとなんともリッチな気分になれるのです。そして使うたびに「私はお金に愛されている」「お金とのご縁が深まっていく」と心底思えます。

電卓は8000円ほどでしたが、いただく気分は8億円です。

こうやってふだんから数字とつきあう習慣を持てば、お金となかよくなれます。

電卓を味方にして、「お金に愛される人生」を歩み続けましょう。

Golden Rule

触れるだけでワクワクする、「お気に入りの電卓」を購入しよう。
そして「自分の時給」を計算してみよう

家事も子育ても、〝神様からの仕事依頼〟

「所詮主婦だもの、お金持ちになんてなれない」

「家計のやりくりで精一杯。お金に愛されるなんてありえない」

「子どもがいるから働きにいけない」

「主人の昇進の可能性なんてない」

そんなふうに「ない」を数え始めたら、きりがありません。

傍から見れば恵まれている人にも悩みはあるし、表向きがいいだけで家庭内は問題山積みかもしれないでしょう。

「ない」に視点を置かず、目の前に広がる「ある」をたくさん見つけましょう。

かけがえのない子ども、愛する夫、家族の笑顔、健康な心と体、家族のお世話ができること。あなたは「ある」を山ほど持っています。

家事や子育てが面倒に感じたり、わからず屋の夫や姑の存在が腹立たしくなる時もあるでしょう。「主婦なんてつまらない。仕事がしたい」「一人になりたい」、そう思う時も、正直あるかもしれない。

でもね、**主婦業は、世の中で「最も尊い仕事」**です。

家計のやりくりは「経理」。子育ては「教育」。家族や自分の健康管理は「労務」「保険」。料理は「健康増進」。洗濯や掃除は「保健衛生」。ご近所さんとのコニュケーションは「営業」、ある意味「広報」もあったり。これだけ幅広い仕事を一人でこなすあなたは、「偉大な女性」。誰もができるわけではありません。

神様から「あなただからできる！」と太鼓判を押されて、主婦業を依頼されたのです。「主婦なんてつまらない」と思ったら、神様の期待に背くのではありませんか？

「主婦業は休みなしで無給、おまけに評価されない」という人もいますが、やっていることが報われるのは、自然の摂理です。**努力してもなかなか芽が出ないとか、誰もわかってくれないからといって、心配したり焦ったり、ムダなことをしていると思うことはない**のです。

実は、私は専業主婦に憧れて結婚しました。

子どもも2人は欲しかったし、お家の中を自分で作ったカーテンやクッションで飾り、焼きたてのお手製パンにジャム。キッチンからいつもいい香りがしてくる……。

そんな家庭を夢見ていました。

でも、残念なことに、神様が私には主婦業を依頼してくれなかった。

だから、主婦業をまっとうしている方を心から尊敬しているし、これほどの総合職をこなせる人は、どんな仕事に就いても一流になれると考えています。

確かに、主婦業のギャランティは明確ではありません。

でも**主婦は、夫を育てる、ビジネスパーソンとして成長させる、経営者として成功させる「名プロデューサー」**だと解釈したら、**あなたの活躍の場は広がる一方**です。可能性は無限大ではありませんか。

Wさんは、「鬼嫁なのよ」と自嘲気味に話しますが、ご主人が営むケーキ屋さんを地域一番店にした功労者です。

職人気質のご主人は作る人。陽気で話し好きな彼女はいわば宣伝広報、販売営業部長。彼女がいなかったら、売り上げは今の10分の1以下かもしれないし、あるいはお店をたたんでいたかもしれません。

ご主人の作るケーキに惚れ込んで、信じて、宣伝広報、営業に回るWさんがいたからこその成功。主婦の力は偉大なのです。

すべての思いは報われます！　あなたも収穫をたっぷりもらいましょう。

Golden Rule

主婦は、夫を育てる、ビジネスパーソンとして成長させる、経営者として成功させる「名プロデューサー」。世の中で「最も尊い仕事」

出会う人は「大好きな人」
～人とお金の不思議な関係～

人はどうしても損得勘定で動くところがあって、ギャラが高い仕事には笑顔がこぼれるし、つきあい上断れず、相場よりも安価な仕事を請けてしまった時は憂鬱になる。また、何かと世話を焼いてくれる人の頼みには「はい！」と、にこやかに即答しますが、そうでない人には「ええ～？」などと、もったいぶって、すぐに返事をしなかったりします。

誰に対しても平等に分け隔てなく接する、裏表のない人はステキですし、尊敬しますが、あなたはどうでしょうか？

胸を張って「イエス」とはいえない。そんな芸当はできないもの。

しかし、あなたがお金に愛される人生を歩んでいきたいのならば、**どんな人も「大好きな人」だと思ってつきあっていく**ことがカギになります。

無理して自分の心にウソをついて「好き」になりなさい、というのではありません。

私は経営者、著者、講演家、経営コンサルタントとしても仕事をさせていただいています。毎月新しく出会う人は500名を超えますし、これまで仕事を通じてお会いしてきた方だけでも数万人以上。その中にはイヤミな人もいましたし、自分の利益しか頭にない「強欲な人」もいました。裏切られたり騙されたりもありました。

だからといって、恨んでいるかといえば、むしろ逆。そういう経験をさせていただけた**「おかげ様の蓄積」で、お金に愛される人生を歩んでいけている**と思うのです。

私がその時々で、「イヤな思いをしたからあの人はバツ。二度と会わない」とか、「おいしい思いをしたから、あの人は◎」というように、瞬間を切り取ってつきあい方を判断していたら、一時的にはお金に愛されても長続きしなかったでしょう。

利害打算、損得勘定という「エゴ」は人に伝わるものだから。

「調子に乗っているな、こらしめてやれ」とか「シメシメ、うまくいった」なんてね。ビジネスの世界は競争社会。「天使の顔をした悪魔」もいますから、私のエゴを感じ取った天使は悪魔に変貌して、結果、大損害、大打撃の嵐だったと思います。

私が唯一誇れるのは「人を嫌いになれない」ところなのです。

いい人もそうでない人も、その出会いをムダにしない、財産にする。そうした中で、運や縁を見つけていこうと考えているのです。

自分1人で動いたところで、出会いの数なんて知れているでしょう。出会いを運んできてくれるのは、人。その人は今現在、嫌いな人かもしれないし、好きな人かもしれない。どこの誰だかわからないですが、人には違いありません。

つきあう人を「お金を生み出してくれるかどうか」「好きか嫌いか」というような「損得勘定」で選別したら、成長や成功、豊かさという財産を増やすことはできないでしょう（これも損得勘定といえるかもしれませんが・笑）

こういう発想をするようになると、お金に対しての愛情もいっそう深まります。

たとえば、スーパーのレジで支払いをしようとした時、1円が財布から落ちたとしましょう。コロコロ売り場を転がっていく。お店の方が「あとで拾っておきますから、いいですよ」と、1円引いた金額で清算してくださろうとしても、自分で拾って、ハンカチで汚れ（実際にはチリもごみもついていないのですが）をぬぐいお渡しします。

もちろん道端に落ちている小銭はすぐに拾い、きれいにしてから、募金箱に入れたり、紙幣はしわを伸ばしてから、しかるべき場所に届けます。

通帳に記帳された1円の桁まで愛おしいし、100万円の仕事も1万円の仕事も、無償でお手伝いする仕事も、私を選んで託してくれるものだから、どれも平等にうれしいのです。

嫌いな人がいなくなると、お金への愛情が増し、嫌いな仕事がなくなるし、嫌いな仕事がなくなるから結果、お金が増える――。**人とお金は、リンクしている**のです。

出会う人は、みんな「大好きな人」だと思って、接しましょう。

そうすれば、大好きなお金を導いてくれますよ。

Golden Rule

人とお金は、リンクしている。
出会う人は、みんな「大好きな人」だと思ってつきあう

「お金に愛されています！」宣言をする

願えば叶うという人もいれば、そんなのまやかしだという人もいます。

私は、**願っても叶わないのは「願いが叶いました」と宣言しないから**だと、考えています。

願いはそのままにしていたら、「こうなったらいいなぁ」という曖昧なままでしょう。その思いに従い、忠実に行動し続けられる人は、よほど強い意志の持ち主です。

普通の人は「あれもいいな、これもいいな」と願いがブレますし、少しでも困難にあえば、「やっぱり無理か」とあきらめてしまいます。

私は意志の弱いヘタレですから、「こうなりたいなぁ」では、ぜんぜん心が決まらないし、行動できません。

その上、好奇心旺盛な浮気症でもあるから、あれこれ手を出したくなって「こうなりたいなぁ」が増えては消えて、また増える。節操がありませんから、どれも中途半端に終わるでしょう。

私のようなタイプの人はもちろん、**結果を出したいのならば「肯定的な宣言」をしましょう**。

「私はお金に愛されたい」とお願いするのではなく、**「私はお金に愛されています！」と、すでにお金に愛されているという、ワクワク・ルンルン、最高にハッピーな気持ちになって宣言する**のです。

すると、脳は「そうなんだよね。私はお金に愛されているんだ！」と、うれしい刷り込みをして活性化し、応援してくれるから、現実にそうなっていきます。

この時、微塵の疑いも持ってはいけません。

あなたは、お金に愛されるために生まれてきたのですから。

お金に愛されるのは、義務であり責任なのです。

そのために、これまですばらしい学びやタフな心、健康な体、価値ある能力を蓄えてきたのです。**自信を持って「お金に愛されること」を受け取り、感謝を忘れず、心豊かなお金持ちになって、あなたのできることで社会に役立つお手伝いをしましょう。**

私は目覚めると「今日もお金に愛されています！　ありがとうございます！」。眠る前には「明日もお金に愛されます！　ありがとうございます！」。そう喜びの先取りと感謝を、セットで声に出しています。

理屈ではなく行動。

疑わずにあなたもやってみてください。

さぁ、笑顔で、心躍らせながら宣言しましょう。

「私は、お金に愛されています！」

Golden Rule

自信を持って「お金に愛されること」を受け取り、あなたのできることで社会に役立つお手伝いを

「お金に愛されています！」と宣言してから、私の人生は好転しました。

（Iさん　36歳　飲食業）

仕事がうまくいっていないわけでもなく、恋人もいますが結婚にまで発展しない。友だちはいても、親友と呼べる人はいない。仕事もプライベートもなんだか楽しくありませんでした。

このまま一人で、生きがいや目標も見つからないまま年齢を重ねていくのかな？　と、不安になることもありました。

そんな時、臼井先生に出会い、「お金に愛されている女性」が実践する習慣を直接うかがう機会を得たのです。

その中でびっくりしたのが「お金に愛されています！」と、声にすることでした。「お金に愛されたらいいなぁ」では「ダメかもしれない」という疑いの気持ちが働く、というのを聞いてすごく納得できました。

これまでの私は「お金があったらいいなぁ」「結婚できたらいいのに」といった調子で、何も行動しないし、願いもあやふやだった。言い訳も多かったと思います。そこで自分を変える意味もあって、起床時、ランチのあと、就寝時に、「私はお金に愛されています！」と宣言するようにしました。

すると豊かな気持ちになるし、お金への愛情や大事な人への思いやりも強くなり、うわべではないつきあいができるようになりました。仕事も楽しくなり、お給料が増え、衝動買いがなくなり、貯金もできるようになったのです。

「7つのリッチ・ルール」を実践して思います。

「人生が輝く！　幸運体質になる！　お金に愛される！」のは、むずかしくないと。

人生が180度大好転！　お金に愛されて幸せな人生を私は今歩んでいます。

あとがき

ここまでお読みいただき、ありがとうございました。

「お金に愛されたい」というあなたは、とっても「すなおさん」。

お金に愛される資格を、じゅうぶん持っている方です。

もし、「がんばっているのに報われない」と感じているなら、視点を変えてみましょう。

がんばってお金に愛されるのではなく、大胆におおらかに、自信を持って、本書でご紹介している「7つのリッチルール」を実践して、あなたの価値を見直してください。

「お金に愛されて幸せな女性になる」という、現実を手に入れるまで、もう少しです。

まずは自信をもって「私はお金に愛されています！」と、宣言しましょう。

その瞬間から、あなたは「お金に愛される人生」を歩み出します。

心の中に豊かさと幸せのタネが芽生え、幸せな人生の波に乗っている自分に気づくことでしょう。やがて、そのタネが成長し、外側に溢れ出した時、あなたが望んだことは、驚くほど大きな結果になっています。

執筆中、エールを送ってくださった、本書公式サイト「お金に愛されて幸せな女性になる7つのリッチルール」https://www.facebook.com/Seven.rich.rule の読者様、価値ある経験や本音を包み隠さず語ってくれた「お金に愛されている女性」の皆様、おもしろくて役立つ本を作ろうとサポートしてくださった編集者の中嶋睦夫さん、この企画を最高の形に導いてくださった学研パブリッシングの遠藤励起編集長に、心からの感謝を贈ります。

そしてあなたに、最も大きな愛と感謝を贈らせてくださいね。

ありがとうございます。

あなたはあらゆる富を受け取れます。

あなたの未来は、輝いています！

2014年　7月

臼井由妃

お金に愛されて幸せな女性になる7つのリッチルール

2014年8月7日　第1刷発行

著　者　臼井由妃
発行人　脇谷典利
編集人　南條達也
編集長　遠藤励起
発行所　株式会社学研パブリッシング　〒141-8412 東京都品川区西五反田 2-11-8
発売元　株式会社学研マーケティング　〒141-8415 東京都品川区西五反田 2-11-8
印刷所　中央精版印刷株式会社

［この本に関する各種のお問い合わせ先］
◆電話の場合、編集内容については、☎03-6431-1473（編集部直通）
在庫・不良品（落丁・乱丁）については、☎03-6431-1201（販売部直通）
◆文書の場合、〒141-8418 東京都品川区西五反田 2-11-8
学研お客様センター『お金に愛されて幸せな女性になる7つのリッチルール』係
◆この本以外の学研商品に関するお問い合わせは、☎03-6431-1002（学研お客様センター）